· 정자체 글씨 따라쓰기 · 펜글씨 따라쓰기 · 고사성어(한자) 따라쓰기 ·

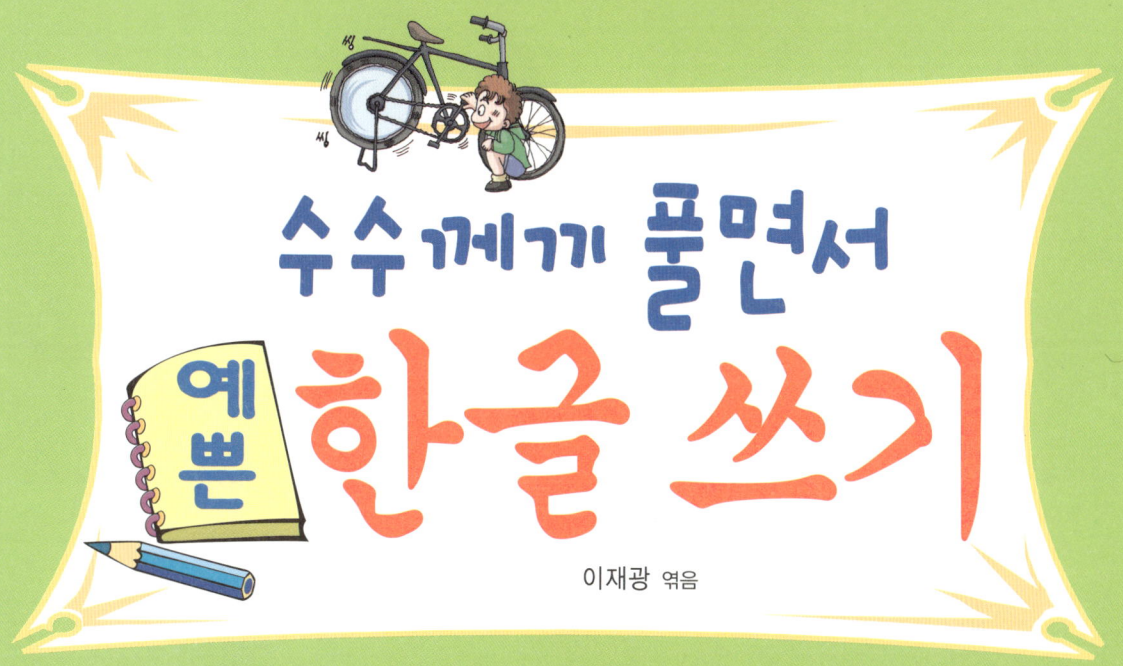

수수께끼 풀면서 예쁜 한글 쓰기

이재광 엮음

● 글씨는 그 사람의 성품과 인격을 비춰 주는 거울!
● 재미있는 수수께끼를 풀면서 한글쓰기 연습을 하는 일석이조(一石二鳥)의 효과!

지식서관

머 리 말

　요즘엔 유치원·초등 학생부터 모두 컴퓨터의 자판기에 익숙해져서 예쁜 글씨를 잘 못 쓰고 있습니다. 그뿐만 아니라 고등 학교, 심지어 대학교를 졸업한 사람들도 유치원 수준의 비뚤비뚤한 글씨를 쓰는 것을 보면 참으로 안타깝습니다.
　글씨는 그 사람의 성품과 인격을 비춰 주는 거울이라고 할 수 있으므로 글쓰기에 게을리 하지 않도록 합시다.
　예쁜 글씨를 쓰게 되면 칭찬도 받게 되고 주위 사람들에게 좋은 인상을 남기게 됩니다. 반대로, 글씨를 예쁘게 쓰지 못하면 부끄럽기도 하거니와 자신의 글씨를 남에게 보여 주는 일이 자꾸 생기면서 점점 소극적인 사람으로 변하게 됩니다.
　예쁜 글쓰기는 어려운 일은 아닙니다. 하루에 1시간씩 한 달만 예쁜 글씨를 따라 쓰다 보면 금방 자기 글씨가 됩니다.
　하지만 글쓰기에 집중하는 것도 쉬운 일이 아니기 때문에, 본사에서는 재미있는 수수께끼를 읽고·풀고·외우면서 글쓰기 연습을 하는 일석이조(一石二鳥)의 효과로 예쁜 글씨 공부를 할 수 있는 〈수수께끼 풀면서 한 글쓰기〉 책을 기획하였습니다.
　모쪼록, 이 책에 수록된 글씨를 많이 써 보아서 예쁜 글씨를 익혀 당당한 사람이 되는 동시에 수수께끼도 많이 외워서 친구들과 주위 사람들에게 웃음꽃을 피우는 사람이 되기를 기원합니다.

차례

- 한글을 예쁘게 쓰는 방법 …… 6
- 펜글씨 쓰기 …… 8

가 …… 24
- 수수께끼 풀이 … 36

나 …… 40
- 수수께끼 풀이 … 52

다 …… 56
- 수수께끼 풀이 … 68

라 …… 72
- 수수께끼 풀이 … 84

마 …… 73
- 수수께끼 풀이 … 85

바 …… 88
- 수수께끼 풀이 … 100

사 …… 104
- 수수께끼 풀이 … 112

아 …… 117
- 수수께끼 풀이 … 130

자 …… 138
- 수수께끼 풀이 … 146

차 …… 150
- 수수께끼 풀이 … 154

카 …… 156
- 수수께끼 풀이 … 159

타 …… 160
- 수수께끼 풀이 … 163

파 …… 164
- 수수께끼 풀이 … 168

하 …… 169
- 수수께끼 풀이 … 176

■ **부록** 고사 성어 한자·한글 쓰기 …… 179

기본 글자 쓰기
펜 글씨 쓰기

- 한글을 예쁘게 쓰는 방법
- 펜글씨 쓰기

●한글을 예쁘게 쓰는 방법

라
ㄹ의 간격을 똑같이 하고 ㄹ의 중심이 ㅏ의 한가운데에 오게 한다.

야
ㅑ의 두 점은 ㅇ의 중심을 잡아 위 아래로 긋는다.

거
ㅓ의 위 아래 길이가 위보다 아래를 약간 길게 긋는다.

소
ㅅ, ㅈ, ㅊ을 ㅗ, ㅛ에 붙여쓸 때에는 자음과 모음의 크기를 비슷하게 쓰도록 한다.

우
ㅜ에서 아래로 긋는 획은 중심에서 약간 오른쪽으로 내려 긋는다.

류
ㄹ의 간격을 고르게 하고 ㅠ의 아래 간격도 고르게 하도록 한다.

매
ㅐ의 간격을 고르게 하고 ㅁ이 중간에 오도록 한다.

워
ㅜ의 세로 삐침은 길지 않게 하고, ㅓ의 가로 점은 전체의 3분의 1 아래에 찍는다.

| 까 | 까 까 | 만 | 만 만 |

ㄲ의 앞 ㄱ을 뒤의 ㄱ보다 작게 쓴다. ㅏ의 가로 점은 가운데보다 약간 아래에 찍는다.

ㄴ의 끝부분이 ㅏ의 내려긋는 획에서 벗어나거나 끝이 처지지 않도록 주의한다.

| 언 | 언 언 | 를 | 를 를 |

받침 ㄷ은 ㅇ과 비슷한 크기로 쓰고, ㅓ보다는 바깥으로 벗어나지 않도록 주의한다.

○표 부분의 간격을 고르게 하고 글자가 길어지기 쉬우므로 중심을 잘 잡아 쓴다.

| 몸 | 몸 몸 | 좋 | 좋 좋 |

ㅁ의 크기는 위 아래를 같은 크기로 써야 예쁘다.

ㅈ을 납작하게 쓰고 글자가 길어지기 쉬우므로 중심을 잘 잡아 쓴다.

| 값 | 값 값 | 많 | 많 많 |

ㅄ이 윗몸보다 커지지 않게 주의하여 쓴다.

ㄴ이 ㅎ보다 약간 작게 하여 서로 닿지 않도록 쓰되 ㅏ보다 벗어나지 않도록 한다.

● 펜글씨 쓰기

가 가 가 가 가 가
　　 야 야 야 야 야

거 겨 고 교 구 규 그 기 각 간

개 겠 경 계 공 곽 괘 관 군 굴

나	나	나	나	나	나	나
	냐	냐	냐	냐	냐	냐

너 녀 노 뇨 누 뉴 느 니 내 냈

넓 넙 녕 농 뇌 눴 눼 뉘 능 닐

● 펜글씨 쓰기

다	다	다	다	다	다
	댜	댜	댜	댜	댜

더	뎌	도	됴	두	듀	드	디	닥	닮

댕	덛	둔	돔	돌	동	돼	둬	뒈	딛

라 라
랴

러 려 로 료 루 류 르 리 래 랠

락 런 럴 레 렬 롱 뤄 률 를 릴

● 펜글씨 쓰기

마	마
	먀

머 며 모 묘 무 뮤 므 미 맘 매

맹 멀 메 멸 몸 뫼 물 뭐 뭔 뭬

바	바 바 바 바 바
	야 야 야 야 야

버	벼	보	뵤	부	뷰	브	비	밝	밝

밟	밥	백	범	벨	봄	북	봐	봤	빕

펜글씨 쓰기 13

펜글씨 쓰기

사 사 샤

쉬 셔 소 쇼 수 슈 스 시 샀 새

겄 셋 송 쇠 솟 술 쉬 쉰 승 실

아
아
야

어 여 오 요 우 유 으 이 앗 앙

애 양 예 열 온 외 욤 웅 원 율

● 펜글씨 쓰기

자 자
    쟈

저 져 조 죠 주 쥬 즈 지 잦 잣

쟁 젖 게 종 좌 줄 줬 쥘 증 짐

차 차
차

취 쳐 초 쵸 추 츄 츠 치 채 책

첬 쳇 총 촬 최 췌 취 췬 칩 칭

● 펜글씨 쓰기

카	카	카 카 카 카
	캬	캬 캬 캬 캬

커 켜 코 쿄 쿠 큐 크 키 칼 캐

컵 컸 콩 콰 쾅 쿨 쿼 퀸 쿵 킬

타
타
탸

터 려 토 툐 투 튜 트 티 탈 탱

털 테 텔 통 퉤 튀 튕 튈 틈 팀

● 펜글씨 쓰기

파
파
퍄

퍼 펴 포 표 푸 퓨 프 피 팜 팽

펄 펜 폈 폐 풀 폰 푀 푼 필 핍

하 하
하야

허 혀 호 효 후 휴 흐 히 항 해

햅 헐 현 홈 황 훑 훤 흉 흔 희

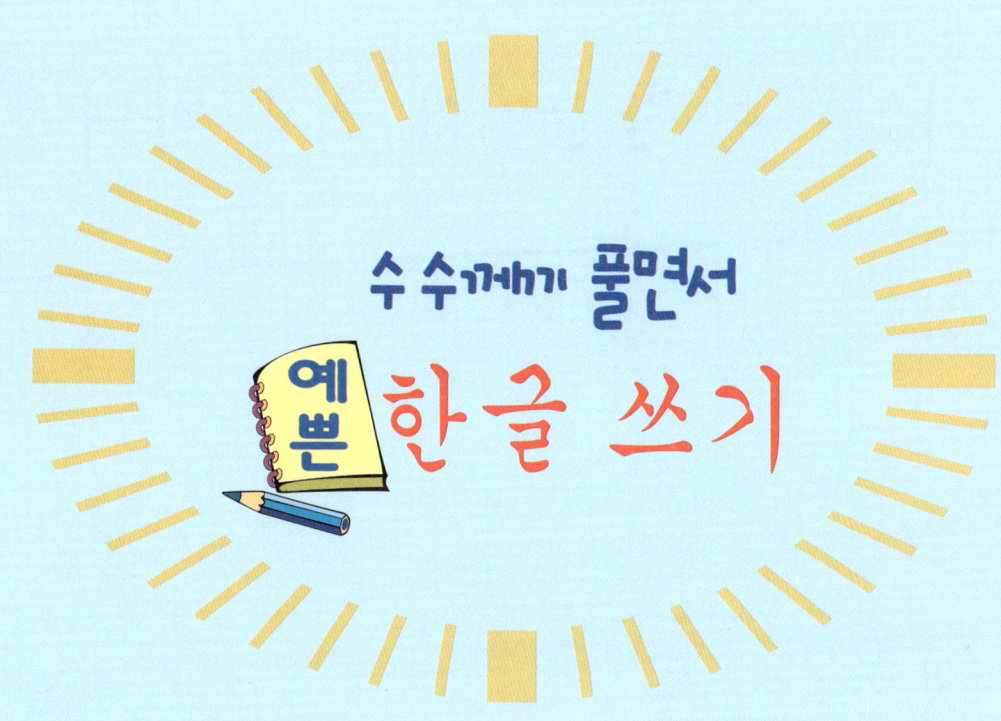

수수께끼 풀면서 예쁜 한글 쓰기

● 가나다순으로 수수께끼 풀면서 한글 쓰기

가느다란 몸뚱이에 귀만 하나 있는

가느다란 몸뚱이에 귀만 하나 있는

가느다란 몸뚱이에 귀만 하나 있는

것은? 바늘

것은? 바늘

것은? 바늘

가슴의 무게는? 4근(두근두근)

가슴의 무게는? 4근(두근두근)

가슴의 무게는? 4근(두근두근)

가시돋힌 방 안에 앉아 있는 맛있

가시돋힌 방 안에 앉아 있는 맛있

가시돋힌 방 안에 앉아 있는 맛있

는 대머리는? 밤

는 대머리는? 밤

는 대머리는? 밤

가장 빠른 새는? 눈 깜짝할 새

가장 빠른 새는? 눈 깜짝할 새

가장 빠른 새는? 눈 깜짝할 새

개 가운데 가장 큰 개는? 안개

개 가운데 가장 큰 개는? 안개
개 가운데 가장 큰 개는? 안개

검은 돌과 흰 돌이 만나기만 하면

검은 돌과 흰 돌이 만나기만 하면
검은 돌과 흰 돌이 만나기만 하면

싸우는 것은? 바둑

싸우는 것은? 바둑
싸우는 것은? 바둑

겨울에 많이 쓰는 끈은? 따끈따끈

겨울에 많이 쓰는 끈은? 따끈따끈
겨울에 많이 쓰는 끈은? 따끈따끈

고래가 몇 마리 모일 때 가장 시끄

고래가 몇 마리 모일 때 가장 시끄
고래가 몇 마리 모일 때 가장 시끄

러울까요? 2마리(고래고래)

러울까요? 2마리(고래고래)
러울까요? 2마리(고래고래)

고슴도치가 동굴 속에 들어가 목욕

고슴도치가 동굴 속에 들어가 목욕

고슴도치가 동굴 속에 들어가 목욕

하는 것은? 양치질

하는 것은? 양치질

하는 것은? 양치질

공기만 먹어도 살이 찌는 것? 풍선

공기만 먹어도 살이 찌는 것? 풍선

공기만 먹어도 살이 찌는 것? 풍선

공은 공인데, 사람들이 가장 좋아
공은 공인데, 사람들이 가장 좋아
공은 공인데, 사람들이 가장 좋아

하는 공은? 성공
하는 공은? 성공
하는 공은? 성공

귀는 귀인데 발 달린 귀는? 당나귀
귀는 귀인데 발 달린 귀는? 당나귀
귀는 귀인데 발 달린 귀는? 당나귀

구리는 구리인데, 쓸모가 없는 구
구리는 구리인데, 쓸모가 없는 구
구리는 구리인데, 쓸모가 없는 구

리는? 멍텅구리
리는? 멍텅구리
리는? 멍텅구리

귀에 걸치는 다리는? 안경 다리
귀에 걸치는 다리는? 안경 다리
귀에 걸치는 다리는? 안경 다리

굴 속에 들어가서 흙을 파서 내오

는 주걱은? 귀이개

굶는 사람이 많은 나라는? 헝가리

굴 속에 흰 바위가 32개 있는 것

굴 속에 흰 바위가 32개 있는 것

굴 속에 흰 바위가 32개 있는 것

은? 입 속의 이

은? 입 속의 이

은? 입 속의 이

귀는 귀인데 발 달린 귀는? 당나귀

귀는 귀인데 발 달린 귀는? 당나귀

귀는 귀인데 발 달린 귀는? 당나귀

권투 선수들이 돈을 계산하는 방법

은? 주먹구구

급할 때 찾는 실은? 화장실

기둥 하나에 방이 두 개 있는것

기둥 하나에 방이 두 개 있는것

기둥 하나에 방이 두 개 있는것

은? 콧구멍

은? 콧구멍

은? 콧구멍

기름을 먹고 사는 소는? 주유소

기름을 먹고 사는 소는? 주유소

기름을 먹고 사는 소는? 주유소

깎으면 깎을수록 커지는 것? 구멍

깎으면 깎을수록 커지는 것? 구멍

깎으면 깎을수록 커지는 것? 구멍

깜박이 아래 훌쩍이, 훌쩍이 아래

깜박이 아래 훌쩍이, 훌쩍이 아래

깜박이 아래 훌쩍이, 훌쩍이 아래

쩝쩝이는? 얼굴

쩝쩝이는? 얼굴

쩝쩝이는? 얼굴

*가기 싫어도 반드시 가야 하는 것은?
🎵시간

*가기만 하고 돌아오지 않는 것은?
🎵세월

*가난한데도 부잣집이라고 불리는 집은?
🎵아버지와 아들이 사는 집(父子;부자)

*가느다란 몸뚱이에 귀만 하나 있는 것은?
🎵바늘

*가도 붙들지 못하는 것은?
🎵세월, 시간

*가만히 있는데 잘 돈다고 하는 것은?
🎵머리

*가만히 있어도 붙잡지 못하는 것은?
🎵그림자

*가슴의 무게는?
🎵4근(두근두근)

*가시돋힌 방 안에 앉아 있는 맛있는 대머리는?
🎵밤

*가장 더러운 강은?
🎵요강

*가장 무서운 놀이판은?
🎵이판사판

*가장 빠른 새는?
🎵눈 깜짝할 새

*가장 쓸모없는 구리는?
🎵멍텅구리

*가짜 꿀을 만들 때, 가장 많이 들어가는 재료는?
🎵진짜 꿀

*간사한 사람들이 가지고 있는 양은?
🎵아양

*간장은 간장인데, 먹을 수 없는 간장은?
🎵애간장

*갈 때는 속이 비었는데 올 때는 속이 차는 것은?
🎵두레박

*강은 강인데, 사람이 먹는 강은?
🎵생강

*강한 것은 먼저 없어지고 부드러운 것은 나중 남는 것은?
🎵잇몸

*개 가운데 가장 큰 개는?
🎵안개

*개 중에서 가장 아름다운 개는 무엇일까요?
🎵무지개

*객(손님)이 들어가서 주인을 내쫓는 것은?
🎵열쇠

*거꾸로 매달린 집에 문이 수도 없이 많은 것은?
🎵벌집

*거꾸로 걸어다니는 것은?
🎵붓

*거꾸로 서면 더 작아지는 것은 무엇일까요?
🎵숫자 9

*거꾸로 키가 자라는 것은?
🎵고드름

*거지가 가장 싫어하는 색은?
🎵인색

*거지가 가장 좋아하는 욕은?
🎵빌어먹을

*거지 없는 동네는?
🎵신사동

*걱정이 많은 사람이 오르는 산은?
🎵태산

*건강한 사람이 사는 동네는?
🎵약수동

*건망증이 심한 사람들이 올라가는 산은?
🎵아차산

*걸어가면서 길 위에 도장 찍는 것은?

♪지팡이

*걸어가면서 빈대떡 부치는 것은?
♪쇠똥

*검게 태어나서 빨갛게 살다가 하얗게 죽어가는 것은?
♪연탄

*검은 개가 백사장을 다니면서 검은 똥을 누는 것?
♪붓글씨

*검은 돌과 흰 돌이 만나기만 하면 싸우는 것은?
♪바둑

*검은 들에 금가루가 뿌려져 있지만 쓸어담을 수는 없는 것은?
♪별

*검은 입으로 붉은 밥을 먹는 것은?
♪아궁이

*겁쟁이들이 가지고 다니는 돌 열 개는?
♪오돌오돌

*겉은 고체이고 속은 액체인 것은?
♪달걀

*겉은 보름달이고 속은 반달인 것은?
♪귤

*겨울에 많이 쓰는 끈은?
♪따끈따끈

*경찰서가 가장 많이 불타는 나라는?
♪불란서

*계를 하던 사람이 계가 깨지자마자 하는 계는?
♪핑계

*계절에 관계없이 사시사철 피는 꽃은?
♪웃음꽃

*고개 너머 낭떠러지는?
♪목구멍

*고기는 고기인데, 뼈도 없고 가시도 없는 것은?
♪붕어빵

*고기 먹을 때마다 따라오는 게는?
♪이쑤시개

*고기 없는 강은?
♪요강

*고래가 몇 마리 모일 때 가장 시끄러울까?
♪2마리(고래고래)

*고슴도치가 동굴 속에 들어가 목욕하는 것은?
♪양치질

*고양이를 무서워하지 않는 쥐는?
♪박쥐

*고체를 쪼개면 액체요, 그 액체에 열을 가하면 또 고체로 변하는 것은?
♪달걀

*고추장이나 된장을 담그다가 잘못되면 뭐가 될까?
♪젠장

*곤충의 몸을 3등분하면 어떻게 될까?
♪죽는다

*공기만 먹어도 살이 찌는 것은?
♪풍선

*공부해서 남 주는 사람은?
♪선생님

*공부 못하는 아이가 가장 잘 먹는 것은?
♪바나나

*공은 공인데, 건축가가 가장 좋아하는 공은?
♪준공

*공은 공인데, 사람들이 가장 좋아하는 공은?
♪성공

*과거가 있기 때문에 성공한 사람은?
♪암행어사

*과수원의 과일을 먹기 좋은 때는?
♪주인이 없을 때

*구리는 구리인데, 쓸모가 없는 구리는?
♪멍텅구리

37

*구리는 구리인데, 소리를 내는 구리는?
♪딱따구리

*굴 속에 흰 고드름이 들락날락하는 것은?
♪콧물

*굴 속에 들어가서 흙을 파서 내오는 주걱은?
♪귀이개

*굴 속에 흰 바위가 32개 있는 것은?
♪입속의 이

*굶는 사람이 많은 나라는?
♪헝가리

*궁둥이 그을리고 밥 얻어먹지 못하는 것은?
♪솥

*궁색한 사람들이 찾는 책은?
♪궁여지책

*권투 선수들이 돈을 계산하는 방법은?
♪주먹구구

*귀는 귀인데, 발 달린 귀는?
♪당나귀

*귀도 하나, 입도 하나인 것은?
♪전화기

*귀로 들어가서 입으로 나오는 것은?
♪말

*귀에 걸치는 다리는?
♪안경 다리

*귀에 실을 걸치고 일하는 것은?
♪바늘

*그네를 쉬지 않고 타는 것은?
♪시계추

*그리면 둥글고 쓰면 모난 것은?
♪해(日)

*글씨를 쓸 줄은 알지만 읽을 줄 모르는 것은?
♪연필

*금(金)과 은(銀)이 있는데, 금은 가운데 있고 은은 가장자리에 있는 것은?
♪달걀

*급할 때 찾는 실은?
♪화장실

*급해야 만들 수 있는 떡은?
♪헐레벌떡

*기둥이 1, 가지가 12, 잎이 365개 있는 것은?
♪1년

*기둥 하나에 귀 하나 달린 것은?
♪바늘

*기둥 하나에 방이 두 개 있는 것은?
♪콧구멍

*기둥 하나에 지은 집은?
♪버섯, 우산

*기름을 먹고 사는 소는?
♪주유소

*기뻐도, 슬퍼도, 그리고 매워도 나오는 것은?
♪눈물

*기어다니는 제비는?
♪족제비

*기어다니는 팽이는?
♪달팽이

*기웃거리면 혼나는 집은?
♪벌집

*긴 동굴 속에 들어갔다 나오면 아주 커지는 것은?
♪튀밥

*긴 사다리 위에서 주먹질하며 달리는 것은?
♪기차

*긴 줄에 매달려 춤추는 것은?
♪빨래

*길거리로 집을 가지고 다니는 것은?
♪가마

*길거리에서 시주받는 스

님들을 무슨 중일까?
♪영업 중

*길면 짧아지고 짧으면 길어지는 것은?
♪낮과 밤의 길이

*김이 가장 많이 나는 곳은?
♪목욕탕

*깊은 골짜기에서 피리 불며 나오는 것은?
♪방귀

*깊은 구멍에 숟가락 들고 들어가서 도둑질해 오는 것은?
♪귀 후비기

*깊은 산중의 아가씨가 펜팔을 하면 가장 괴로운 사람은?
♪우체부

*까만 것을 칠해야 깨끗해지는 것은?
♪구두

*까만 솔밭 가운데 길 하나 나 있는 것은?
♪가르마

*까만 이와 하얀 이가 가지런히 났는데 손으로 치면 아름다운 소리를 내는 것은?
♪피아노

*깎고 나서도 깎기 전에 물어 본 값은 다 주어야 하는 것은?
♪이발소

*깎으면 깎을수록 커지는 것은?
♪구멍

*깎으면 깎을수록 길어지는 것은?
♪연필심

*깜박이 아래 훌쩍이, 훌쩍이 아래 쩝쩝이는?
♪얼굴

*깨뜨려야 칭찬받는 것은?
♪신기록

*껍데기를 먼저 벗기고 나서 털을 뜯는 것은?
♪옥수수

*꼬리로 걸어다니는 것은?
♪붓

*꼬리의 힘으로 가는 것은?
♪올챙이

*꼭 밥 먹고 나서 찾아오는 거지는?
♪설거지

*꼭 씹어서 먹어야 하는 물은?
♪나물

*꼭 얼음이 얼어야 찧는 방아는?
♪엉덩방아

*꽃만 먹고 사는 것은?
♪꽃병

*꽃이 피면 죽을 때까지 눈물을 흘리는 것은?
♪촛불

*꽃이 필 때에는 아래로 향하고 열매가 열릴 때는 위로 향하는 꽃은?
♪목화

*꽃 중에서 나이를 가장 많이 먹은 꽃은?
♪백합

*꽃 한 송이가 방 안에 기득한 것은?
♪등잔불

*끓지 않았는데도 끓는다고 하는 것은?
♪차표

*끓여도 차다고 하는 것은?
♪차〔茶〕

*끝없이 올라가지만 두 번 다시 내려오지는 못하는 것은?
♪나이

나면서부터 늙은 것은? 할미꽃

나무가 둘 있으면 수풀[林]이다.

다섯 있으면? 삼림(森林)

나무를 주면 살고, 물을 주면 죽는

것은? 장작불

날아다니는 불은? 반딧불

날마다 길가에 서서 눈을 깜빡이는

것은? 신호등

낮에는 살고 밤에는 죽는 것은? 해

나폴레옹의 묘 이름은? 불가능

남의 비밀을 모두 간직하고 있는

것은? 우체통

남자가 여자에게 이기기 힘든 씨름

남자가 여자에게 이기기 힘든 씨름

남자가 여자에게 이기기 힘든 씨름

은? 입씨름

은? 입씨름

은? 입씨름

나무 위에서 빨간 이를 드러내고

나무 위에서 빨간 이를 드러내고

나무 위에서 빨간 이를 드러내고

웃는 것은? 석류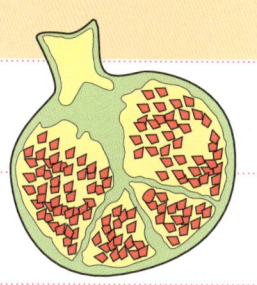

웃는 것은? 석류

웃는 것은? 석류

낮에는 바위였다가 밤에는 마당이

낮에는 바위였다가 밤에는 마당이

낮에는 바위였다가 밤에는 마당이

되는 것은? 이불

되는 것은? 이불

되는 것은? 이불

낮에는 일하고 밤에는 죄인처럼

매달려 꼼짝 못하는 것은? 옷

내가 웃으면 웃고, 화를 내면 따라

서화를 내는 것? 거울

서화를 내는 것? 거울

서화를 내는 것? 거울

내 것인데, 남이 더 많이 사용하는

내 것인데, 남이 더 많이 사용하는

내 것인데, 남이 더 많이 사용하는

것은? 이름

것은? 이름

것은? 이름

노란 옷 속에 조각달 하나가 들어

있는 것은? 바나나

놀부가 가장 좋아하는 술은? 심술

눈앞을 가로막고 있는데도 더 잘

보이는 것은? 안경

눈을 감으면 잘 보이고 눈을 뜨면

보지 못하는 것은? 꿈

보지 못하는 것은?

보지 못하는 것은?

누구나 즐겁게 웃으며 읽는 글은?

누구나 즐겁게 웃으며 읽는 글은?

누구나 즐겁게 웃으며 읽는 글은?

싱글벙글

싱글벙글

싱글벙글

눈앞에 있는데도 볼 수 없는 것은?

눈썹

놀부가 가장 좋아하는 술은? 심술

나갈 때는 가볍고 들어올 때는 무거운 것은?
♪물동이

*나갈 때는 홀쭉하고 들어올 때는 뚱뚱한 것은?
♪쌀자루

*나면서부터 늙은 것은?
♪할미꽃

*나무가 둘 있으면 수풀(林)이다. 다섯 있으면?
♪삼림(森林)

*나무 기둥 속의 검은 심은?
♪연필의 심

*나무를 주면 살고, 물을 주면 죽는 것은?
♪장작불

*나무 위에서 빨간 이를 드러내고 웃는 것은?
♪석류

*나무가 옥에 갇혀 있는 글자는?
♪곤할 곤(困) 자

*나무 중에서 가장 비싼 나무는?
♪은행나무

*나비는 나비인데, 날지 못하는 나비는?
♪잔나비(원숭이)

*나쁜 일을 하면 나타나는 곤충은?
♪벌

*나오면서 따귀 때리는 것은?
♪성냥

*나오자마자 꽃이 피는 것은?
♪성냥

*나의 울음으로 시작해서 남의 울음으로 끝나는 것은?
♪인생

*나이를 먹을수록 늘어나는 살은?
♪주름살

*나이를 먹을수록 키가 작아지는 것은?
♪촛불

*나폴레옹의 묘 이름은?
♪불가능

*날마다 그네만 뛰는 것은?
♪시계의 추

*날마다 길가에 서서 눈을 깜빡이는 것은?
♪신호등

*날마다 떼돈을 버는 사람은?
♪목욕탕 주인

*날마다 먹고 자고 놀기만 하는 것은?
♪돼지

*날마다 아기 자장가만 부르는 것은?
♪자작나무

*날마다 제사만 지내는 동네는?
♪사당동

*날마다 하루 종일 두 손으로 얼굴을 만지는 것은?
♪시계

*날마다 파란 손을 흔들며 춤만 추는 것은?
♪나무

*날씨가 따뜻해지면 여기 저기에서 죽이는 불은?
♪연탄불

*날아다니는 개는?
♪솔개

*날아다니는 불은?
♪반딧불

*날지 못하는 오리는?
♪가오리

*날지 못하는 제비는?
♪족제비

*날짐승도 아니고 길짐승도 아닌 것은?
♪박쥐

*남에게 먹여야만 맛있는 탕은?
♪곰탕

*남에게 주어도 줄어들지 않는 것은?
♪지식

*남을 때리는 직업을 가진 것은?
♪망치, 파리채

*남의 구두만 내려다보는 사람은?
♪구두닦이

*남의 비밀을 모두 간직하고 있는 것은?
♪우체통

*남의 이름을 거꾸로만 쓰는 사람은?
♪도장 파는 사람

*남이 울 때 웃는 사람은?
♪장의사

*남자가 여자에게 이기기 힘든 씨름은?
♪입씨름

*남자들이 특히 좋아하는 병은?
♪술병

*남쪽에서도 올라간다고 하고, 북쪽에서도 올라간다고 하는 곳은?
♪서울

*남편들이 싫어하는 바람은?

♪치맛바람

*낫 놓고 기역자도 모르는 사람은?
♪외국인 관광객

*낭떠러지에 매달린 사람이 누는 네 가지 똥은?
♪죽을 똥 살 똥, 떨어질 똥 말 똥

*낮에는 바위였다가 밤에는 마당이 되는 것은?
♪이불

*낮에는 살고 밤에는 죽는 것은?
♪해

*낮에는 낮아지고 밤에는 높아지는 것은?
♪천장

*낮에는 숨고 밤에는 나오는 것은?
♪별, 박쥐

*낮에는 올라가고 밤에는 내려오는 것은?
♪이불

*낮에는 일하고 밤에는 죄인처럼 매달려 꼼짝 못하는 것은?
♪옷

*낮에는 쥐가 되고 밤에는 새가 되는 것은?
♪박쥐

*낮에도 밤이라 하는 것은?
♪밤(먹는 밤)

*낮에만 할 수 있는 것은?

♪낮잠

*내가 웃으면 웃고, 화를 내면 따라서 화를 내는 것은?
♪거울

*내 것인데, 남이 더 많이 사용하는 것은?
♪이름

*내려가기만 하고 올라가지는 못하는 것은?
♪강물, 냇물

*내려갈 때는 가볍고, 올라올 때는 무거운 것은?
♪두레박, 숟가락

*내용은 별것이 없는데 등장 인물이 많은 책은?
♪전화 번호부

*냉수에 구더기가 고물고물한 것은?
♪식혜

*너무 많이 웃어서 나는 병은?
♪요절복통

*넓은 바다가 좁다고 웅크리고 자는 것은?
♪새우

*넓은 벌판 한가운데에 물 없는 옹달샘은?
♪배꼽

*네 다리를 가지고도 걸어다니지 못하는 것은?
♪책상

*네모난 것이 온 세상을 잘 도 돌아다니는 것은?
　♪지폐(돈)

*네모난 집에서 나오자마자 빨간 불을 켜는 것은?
　♪성냥

*네 쌍둥이를 집어던지며 노는 것은?
　♪윷놀이

*노란 옷 속에 조각달 하나 가 들어 있는 것은?
　♪바나나

*노인들이 가장 좋아하는 폭포는?
　♪나이야가라 폭포

*노잣돈 없이 밤낮으로 가 는 것은?
　♪강물, 세월

*노처녀가 가지고 있는 칼 은?
　♪히스테리칼

*노처녀가 끌고 싶어하는 차는?
　♪유모차

*노처녀가 사랑보다 좋아 하는 것은?
　♪신랑

*노총각이 가장 좋아하는 감은?
　♪색싯감

*녹색 주머니에 은돈 든 것 은?
　♪고추

*논에 막대기를 세운 글자 는?
　♪납 신(申) 자

*놀부가 가장 좋아하는 술 은?
　♪심술

*농촌의 어디에서나 해마 다 하는 내기는?
　♪모내기

*농촌의 헌병을 잡아가는 사람은?
　♪엿장수

*높은 곳으로 떨어지는 것 은?
　♪경매 물건

*누구나 발 벗고 나서야 할 수 있는 일은?
　♪발 씻는 일

*누구나 즐겁게 웃으며 읽 는 글은?
　♪싱글벙글

*누구든지 노력하면 얻을 수 있는 금은?
　♪저금

*누구에게 물어 봐도 개성 이 분명한 성씨는?
　♪견(犬)씨

*누르면 사람이 나오는 것 은?
　♪초인종

*눈 감으면 코 베어가는 사 람은?
　♪식인종

*눈 깜짝할 사이에 할 수 있는 일은?
　♪윙크

*눈 뜨고 잠자는 것은?
　♪금붕어

*눈물 흘리며 고개 숙이는 것은?
　♪수도꼭지

*눈사람의 반대말은?
　♪일어선 사람

*눈 셋에 발 여섯 있는 것 은?
　♪애꾸가 말 탄 것

*눈앞에 있으면서 볼 수 없 는 것은?
　♪눈썹

*눈앞을 가로막고 있는데 도 더 잘 보이는 것은?
　♪안경

*눈에는 안 보이지만 모든 사람이 가지고 싶어하는 것은?
　♪행복

*눈에는 안 보이지만 열두 마디가 있고, 앞뒤는 춥고 중간은 더운 것은?
　♪일 년 열두 달

*눈에서 떨어지는 물은 눈

물, 눈에서 떨어지는 꽃가루는?
♪눈곱

*눈으로 보지 않고 손으로 보는 것은?
♪맥(脈)

*눈으로 볼 수 없고, 손으로 만질 수도 없는 것은?
♪사람의 마음

*눈으로는 보이지 않지만 마디가 있는 것은?
♪노래

*눈을 감으면 잘 보이고 눈을 뜨면 보지 못하는 것은?
♪꿈

*눈 좋은 사람에겐 안 보이고, 눈 나쁜 사람에겐 잘 보이는 것은?
♪안경

*눈 중에 제일 큰 눈은?
♪눈〔雪〕

*눈 하나로 일하는 것은?
♪바늘

*눈물 없이 우는 것은?
♪새

*눈 위에 댓잎 붙인 글자는?
♪스스로 자(自)

*눈으로 보지 않고 입으로 보는 것은?
♪맛(味)

*뉘우칠 때 먹는 과실은?
♪사과

*느리게 내려왔다가 빠르게 올라가는 것은?
♪콧물

*늘 둥근데, 길어졌다 짧아졌다 하는 것은?
♪해〔日〕

*늘 맞아야만 사는 것은?
♪공, 팽이

*늙어도 푸르른 것은?
♪소나무, 대나무

*늙으나 젊으나 등이 굽은 것은?
♪새우, 할미꽃

*늙으면 머리 숙여 절 하는 것은?
♪벼, 수수

*늙으면 발가벗고 뛰쳐나오는 것은?
♪콩

*늙을수록 예뻐지는 것은?
♪고추, 감

*늙을수록 무거운 것은?
♪노인의 다리

*늙을수록 탐스러운 것은?
♪과실

다리로 올라서 엉덩이로 내려오는

것은? 미끄럼틀

다섯에서 하나를 먹으니 여섯이 되

는 것은? 나이

는 것은? 나이

는 것은? 나이

달리면 서고 안 달리면 쓰러지는

달리면 서고 안 달리면 쓰러지는

달리면 서고 안 달리면 쓰러지는

것은? 자전거

것은? 자전거

것은? 자전거

닦으면 닦을수록 더러워지는 것

은? 걸레

담은 담인데, 사람들이 무서워하는

담은? 괴담

담은? 괴담
담은? 괴담

더울수록 몸이 작아지는 것은? 얼음

더울수록 몸이 작아지는 것은? 얼음
더울수록 몸이 작아지는 것은? 얼음

더울 때는 일하고 추울 때는 잠자

더울 때는 일하고 추울 때는 잠자
더울 때는 일하고 추울 때는 잠자

는 것은? 선풍기·부채

도둑이 훔친 돈을 영어로 하면?

슬그머니

동물 중에서 가장 낭비를 많이 하

동물 중에서 가장 낭비를 많이 하

동물 중에서 가장 낭비를 많이 하

는 동물은? 사자

는 동물은? 사자

는 동물은? 사자

돈이 낳는 새끼는? 이자

돈이 낳는 새끼는? 이자

돈이 낳는 새끼는? 이자

돼지들이 뀌는 방귀는? 돈가스

두 쌍둥이가 평생 같은 일을 하는

것은? 젓가락

둥근 백옥 속에 황금 덩어리가 들

어 있는 것은? 삶은 달걀

둥근 산에 구멍이 일곱 개 있는 것

은? 얼굴

은? 얼굴

은? 얼굴

뒤로 가면 이기고 앞으로 가면 지

뒤로 가면 이기고 앞으로 가면 지

뒤로 가면 이기고 앞으로 가면 지

는 것은? 줄다리기

는 것은? 줄다리기

는 것은? 줄다리기

뒤틀린 항아리에 고기 한 점 든 것

은? 달팽이

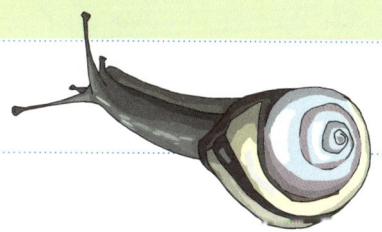

들어오면 빈 집이 되고, 나가면 빈

집이 아닌 것은? 신발

집이 아닌 것은? 신발

집이 아닌 것은? 신발

들어가는 곳은 하나인데, 나가는

들어가는 곳은 하나인데, 나가는

들어가는 곳은 하나인데, 나가는

곳은 둘인 것은? 바지

곳은 둘인 것은? 바지

곳은 둘인 것은? 바지

따끔이 속에 빤빤이, 빤빤이 속에

털털이, 털털이 속에 얌얌이는? 밤

뜯어야만 볼 수 있는 것은? 편지

다

* 다른 사람들보다 손이 하나 더 있는 사람은?
  ♬삼손

* 다리가 없는데 날마다 세상 구경 다니는 것은?
  ♬해, 달

* 다리는 두 개인데, 갈비뼈밖에 없는 것은?
  ♬사다리

* 다리는 하나인데, 머리털이 수없이 많은 것은?
  ♬총채

* 다리도 없는데, 잘도 뛰는 것은?
  ♬물가(物價)

* 다리도 없이 하늘에 올라가는 것은?
  ♬로켓

* 다리로 올라서 엉덩이로 내려오는 것은?
  ♬미끄럼틀

* 다리도 없으면서 순식간에 천리를 가는 것은?
  ♬전기, 전화

* 다리에 발이 달리지 않고 머리에 발이 달린 것은?
  ♬문어

* 다섯 놈이 꿀 도둑질 하러 갔다가 두 놈은 훔치고 세 놈은 못 훔치는 것은?
  ♬손으로 코 푸는 것

* 다섯 놈은 당기고 다섯 놈은 들어가는 것은?
  ♬장갑

* 다섯 다발의 짚과 일곱 다발의 짚을 한데 묶으면 몇 다발이 될까?
  ♬한 다발

* 다섯에서 하나를 먹으니 여섯이 되는 것은?
  ♬나이

* 다 자랐는데도 계속 자라라고 하는 것은?
  ♬자라

* 닦으면 닦을수록 더러워지는 것은?
  ♬걸레

* 단골이 없는 사업가는?
  ♬장의사

* 단칸방에 아기 중들이 머리를 가지런히 하고 누워 있는 것은?
  ♬성냥갑

* 달리면 서고 안 달리면 쓰러지는 것은?
  ♬자전거

* 달리지 않으면 날지 못하는 것은?
  ♬비행기

* 닭은 닭인데, 먹지 못하는 닭은?
  ♬까닭

* 닭의 나이는 몇 살일까?
  ♬81살(닭을 부를 때 '구구' 하고 부르니까)

* 닭이 열 받으면 어떻게 되나?
  ♬프라이드치킨

* 담은 담인데, 듣기 좋고 하기 좋은 담은?
  ♬덕담

* 담은 담인데, 사람들을 웃기는 담은?
  ♬농담, 만담

* 담은 담인데, 사람들이 무서워하는 담은?
  ♬괴담

* 담은 담인데, 사람들이 싫어하는 담은?
  ♬악담

* 담은 담인데, 여자들이 좋아하는 담은?
  ♬잡담

* 담은 담인데, 군인들이 좋아하는 담은?
  ♬무용담

*담은 담인데, 허풍쟁이들이 좋아하는 담은?
♪장담

*당기면 당길수록 줄어드는 것은?
♪휴지

*대가리는 대가리인데, 입도 없고 눈도 없는 대가리는?
♪콩나물 대가리

*대가리는 작고 몸뚱이는 커다란 글자는?
♪뾰족한 첨(尖) 자

*대는 대인데, 출출할 때 생각나는 대는?
♪순대

*더러워질수록 맞고 비틀리는 것은?
♪빨래

*더운 것을 가장 싫어하는 것은?
♪얼음

*더운 여름철에 옷을 잔뜩 껴 입은 것은?
♪옥수수

*더울수록 몸이 작아지는 것은?
♪얼음

*더울수록 키가 커지고 추울수록 키가 작아지는 것은?
♪온도계

*더울 때는 옷을 잔뜩 입고 추울 때는 옷을 벗어 버리는 것은?
♪나무

*더울 때는 눈물 흘리고 추울 때는 꽃을 뿌리는 것은?
♪구름

*더울 때는 일하고 추울 때는 잠자는 것은?
♪선풍기, 부채

*더울 때는 짧고 추울 때는 긴 것은?
♪밤〔夜〕

*덜 된 사람들이 꼭 가져야 할 양은?
♪수양

*덤으로 주어도 받기 싫은 덤은?
♪무덤

*도둑이 가장 싫어하는 아이스크림은?
♪누가바

*도둑이 가장 좋아하는 아이스크림은?
♪보석바

*도둑이 훔친 돈을 영어로 하면?
♪슬그머니

*돈다고 하는데 가만히 있는 것은?
♪머리

*돈다고 하는데 안 도는 것 같은 것은?
♪지구

*돈벌이에 눈이 먼 아비는?
♪장물아비

*돈 안 들고 거저 먹는 것은?
♪공기

*돈은 돈인데, 쓰지 못하는 돈은?
♪사돈

*돈을 벌기 위해 열심히 져야만 하는 사람은?
♪지게꾼

*돈을 벌려면 우선 망쳐야 하는 사람은?
♪어부

*돈이 낳는 새끼는?
♪이자

*돈이 많은 사람은 거부, 말이 많은 사람은?
♪마부

*돈이 있어야 오를 수 있는 산은?
♪계산

* 돈 주고도 살 수 없는 것은?
  ♪세월

* 돌고 도는 것은?
  ♪돈

* 돌리면 가고 안 돌리면 안 가는 것은?
  ♪자전거

* 돌 많은 언덕의 붉은 날개는?
  ♪혀

* 돌벽에 명주 늘인 것은?
  ♪폭포

* 동그라미밖에 못 그리는 것은?
  ♪컴퍼스

* 동물 중에서 가장 낭비를 많이 하는 동물은?
  ♪사자

* 동화는 동화인데, 읽을 수 없는 동화는?
  ♪운동화

* 돼지들이 뀌는 방귀는?
  ♪돈가스

* 두 곰보가 위아래에서 싸우는 것은?
  ♪맷돌

* 두 굴뚝에서 하얀 할아버지가 나왔다 들어갔다 하는 것은?
  ♪콧물

* 두꺼워야 물이 새는 것은?
  ♪구름

* 두 다리가 멀쩡한데 걷지 못하는 것은?
  ♪안경 다리

* 두 쌍둥이가 평생 같은 일을 하는 것은?
  ♪젓가락

* 두드리면 두드릴수록 칭찬받는 것은?
  ♪안마

* 둘이 먹다 둘이 죽어도 모르는 것은?
  ♪연탄가스

* 둥근 백옥 속에 황금 덩어리가 들어 있는 것은?
  ♪삶은 달걀

* 둥근 산에 구멍 일곱 개 있는 것은?
  ♪얼굴

* 둥근 언덕에서 나는 피리 소리는?
  ♪방귀

* 둥글어도 반달이라는 것은?
  ♪보름달(한 달의 반)

* 뒤로 가면 이기고 앞으로 가면 지는 것은?
  ♪줄다리기

* 뒤에서 밥을 먹고 앞으로 나가는 것은?
  ♪대포

* 뒤통수에 눈이 박힌 것은?
  ♪개구리

* 뒤틀린 항아리에 고기 한 점 든 것은?
  ♪달팽이

* 드라큘라가 가장 싫어하는 사람은?
  ♪찔러도 피 한 방울 안 나는 사람

* 들어가기는 한 입으로 들어가고 나오기는 여러 입으로 나오는 것은?
  ♪국수틀로 국수 빼는 것

* 들어가는 곳은 하나인데, 나가는 곳은 둘인 것은?
  ♪바지

* 들어가면 들어갈수록 깊어지는 것은?
  ♪학문(學問)

* 들어갈 때는 검은 얼굴, 나올 때는 흰 얼굴인 것은?
  ♪연탄

* 들어갈 때는 머리를 맞고 나올 때는 머리를 뽑히는 것은?
  ♪못

* 들어갈 때는 짐이 무겁고, 나갈 때는 가벼운 것은?
  ♪밥상

*들어오면 빈집이 되고, 나가면 빈집이 아닌 것은?
♪신발

*등에 뿔이 난 것은?
♪지게

*등에 산봉우리를 짊어지고 다니는 것은?
♪낙타

*등 위에 배꼽 달린 것은?
♪솥뚜껑

*등은 등인데, 발에 달린 등은?
♪발등

*등은 등인데, 밝은 등은?
♪조명등

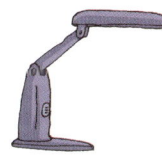

*등은 등인데, 손에 달린 등은?
♪손등

*등이 높은 생선은?
♪고등어

*등잔 위가 어두운 등잔은?
♪형광등

*따라오지 말라고 해도 자꾸 따라오는 것은?
♪그림자

*따끔이 속에 빤빤이, 빤빤이 속에 털털이, 털털이 속에 얌얌이는?
♪밤

*땅으로 기어서 다니는 제비는?
♪족제비

*때리고 훔치는 게 직업인 사람은?
♪야구 선수

*때리면 때릴수록 커지는 것은?
♪북소리, 종소리

*때리면 살아나고 안 때리면 죽는 것은?
♪팽이

*때릴수록 높이 올라가는 것은?
♪공

*때릴수록 먹기 좋은 것은?
♪북어

*때릴수록 커지는 것은?
♪혹

*떡은 떡인데, 못 먹는 떡은?
♪그림의 떡

*떡은 떡인데, 입방아를 찧어야 만들 수 있는 떡은?
♪쑥떡쑥떡

*떡 중에서 가장 빨리 먹는 떡은?
♪헐레벌떡

*똑같은 길을 항상 왔다갔다 하는 것은?
♪기차

*똑같은데 날마다 키를 재는 것은?
♪젓가락

*똑같이 걸어가는데 앞뒤로 한 번씩 자리를 바꾸는 것은?
♪두 다리

*뚜껑도 바닥도 없지만 물 담을 때 쓰이는 것은?
♪깔때기

*뛰는 고리, 나는 고리, 앉은 고리는?
♪개구리, 꾀꼬리, 반짇고리

*뛰어도 뛰어도 가지 않는 것은?
♪그네

*뜨거운 물만 마시고 사는 것은?
♪보온병

*뜨겁지 않은 불은?
♪반딧불

*뜯어야만 볼 수 있는 것은?
♪편지

라면은 라면인데 달콤한 라면은?

라면은 라면인데 달콤한 라면은?
라면은 라면인데 달콤한 라면은?

그대와 함께라면

그대와 함께라면
그대와 함께라면

로봇 형사 '가제트'의 성은? 마징

로봇 형사 '가제트'의 성은? 마징
로봇 형사 '가제트'의 성은? 마징

마당에 나가서 열심히 땅을 파면

나오는 것은? 땀

매를 맞아야 노래 부르는 것은? 종

마셔도 마셔도 배가 부르지 않는

것은? 공기

많아지기만 하고 적어지는 법이

없는 것은? 나이

없는 것은?

없는 것은?

많이 먹으나 적게 먹으나 항상 배

많이 먹으나 적게 먹으나 항상 배

많이 먹으나 적게 먹으나 항상 배

가 부른 것은? 항아리

가 부른 것은? 항아리

가 부른 것은? 항아리

말 가운데 가장 정직한 말은? 참말

말 가운데 가장 정직한 말은? 참말
말 가운데 가장 정직한 말은? 참말

맞고 오면 엄마가 가장 좋아하는

맞고 오면 엄마가 가장 좋아하는
맞고 오면 엄마가 가장 좋아하는

것은? 100점

것은? 100점
것은? 100점

매일 학교에 따라가지만 공부는

하지 않는 것은? 가방

머리를 풀어헤치고 하늘로 올라가

는 것은? 연기

먹기 전에는 1개인데, 먹을 때면 2

개가 되는 것은? 나무젓가락

먹고 오면 엄마가 가장 싫어하는

것은? 빵점

먹지도 못하면서 음식 심부름만

하는 것은? 슛가락, 젓가락

먼 산을 보고 방귀 뀌는 것은? 총

목을 조이는 것인데도 좋아하며

받는 선물은? 넥타이

받는 선물은? 넥타이

받는 선물은? 넥타이

못 사는 사람이 많아야 잘 되는

못 사는 사람이 많아야 잘 되는

못 사는 사람이 많아야 잘 되는

장사는? 철물점

장사는? 철물점

장사는? 철물점

문은 문인데, 온 세상 사람들이 다

문은 문인데, 온 세상 사람들이 다

문은 문인데, 온 세상 사람들이 다

볼 수 있는 문은? 신문(新聞)

볼 수 있는 문은?

볼 수 있는 문은?

물은 물인데, 물고기들이 가장 싫

물은 물인데, 물고기들이 가장 싫

물은 물인데, 물고기들이 가장 싫

어하는 물은? 그물

어하는 물은?
어하는 물은?

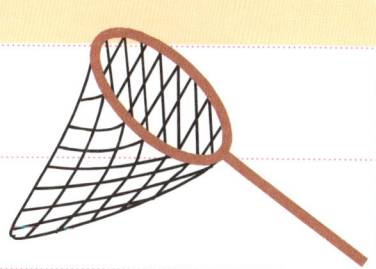

물은 물인데, 잘 보이지 않는 물

물은 물인데, 잘 보이지 않는 물
물은 물인데, 잘 보이지 않는 물

은? 가물가물

은?
은?

* 라면은 라면인데 달콤한 라면은?
♪ 당신과 함께라면

* 럭비 선수 팀과 축구 선수 팀이 싸우면 어느 편이 유리할까?
♪ 럭비 선수 팀(럭비는 15명, 축구는 11명)

* 루돌프의 코는 왜 반짝일까?
♪ 닳아서

* 마구 죽여도 화를 내지 않는 스포츠는?
♪ 야구

* 마는 마인데 먹지 못하는 마는?
♪ 치마

* 마당에 나가 열심히 땅을 파면 나오는 것은?
♪ 땀

* 마른 옷은 벗고 젖은 옷만 입는 것은?
♪ 빨랫줄

* 마셔도 마셔도 배가 부르지 않는 것은?
♪ 공기

* 마시면 떠들게 되는 것은?
♪ 술

* 마음으로 고칠 수 있는 두 가지 불구는?
♪ 염치불구, 체면불구

* 막을수록 새는 것은?
♪ 하늘(구름으로 막을수록 비가 샘)

* 만날 때나 헤어질 때나 똑같이 하는 인사는?
♪ 안녕

* 만 리(萬里)를 가도 뒤돌아보지 않는 것은?
♪ 흐르는 물

* 만질수록 커지는 것은?
♪ 종기

* 많아지기만 하고 적어지는 법이 없는 것은?
♪ 나이

* 많이 맞을수록 좋은 것은?
♪ 시험 문제

* 많이 먹으나 적게 먹으나 항상 배가 부른 것은?
♪ 항아리

* 많이 먹을수록 늘어나는 것은?
♪ 나이, 주름살

* 많이 먹을수록 화가 나는 것은?
♪ 욕

* 말 가운데 가장 정직한 말은?
♪ 참말

* 말과 행동이 다른 사람이 먹는 밥은?
♪ 따로국밥

* 말없이 가르치기만 하는 선생님은?
♪ 책

* 말은 말인데, 달리지 못하는 말은?
♪ 거짓말

* 말하지 않으려고 해도 자기도 모르게 하는 것은?
♪ 잠꼬대

* 말이 많은 사람은?
♪ 목장 주인

* 맛있는 것을 주어도 사람을 괴롭히는 것은?
♪ 충치

* 맛있는 음식만 먹고 사는 동네는?
♪ 자양동

* 맛있다 맛있다 하면서 뱉어내는 것은?
♪ 담배 연기

* 맞고 오면 엄마가 가장 좋아하는 것은?
♪ 100점

*매를 맞고 하늘로 올라가는 것은?
　🎵야구공

*매를 맞을수록 고와지는 것은?
　🎵찰떡

*맨입으로 하는 여성들의 레저 스포츠는?
　🎵수다떨기

*머리가 잘못한 것을 꽁무니가 가르쳐 주는 것은?
　🎵지우개 달린 연필

*머리가 두 조각이 나도 죽지 않는 것은?
　🎵콩나물

*머리로 먹고 머리로 내놓는 것은?
　🎵병

*머리로만 오를 수 있는 산은?
　🎵암산

*머리로 헤딩하면 불나는 것은?
　🎵성냥

*머리를 때려야만 칭찬받는 것은?
　🎵망치

*머리를 얻어맞아야 들어가는 것은?
　🎵못

*머리를 풀어헤치고 하늘로 올라가는 것은?
　🎵연기

*머리 아픈 사람들이 많이 모인 거리는?
　🎵두통거리

*머리에 구멍 뚫린 것은?
　🎵병

*머리에 다리가 달린 것은?
　🎵낙지, 문어

*머리에 지게를 이고 달리는 것은?
　🎵수사슴

*머리카락으로 먼지를 터는 것은?
　🎵먼지털이

*머리카락으로 일하는 것은?
　🎵붓

*머리 한가운데에 혹이 난 것은?
　🎵솥뚜껑

*먹기 전에는 1개인데, 먹을 때면 2개가 되는 것은?
　🎵나무젓가락

*먹고 살기 위하여 누구나 한 가지씩 배워야 하는 술은?
　🎵기술

*먹고 살기 위해서 하는 내기는?
　🎵모내기

*먹고 살기 위해서 비비 꼬는 사람은?
　🎵꽈배기 장수

*먹고 살기 힘든 사람은?
　🎵위장병 환자

*먹고 오면 엄마가 가장 싫어하는 것은?
　🎵빵점

*먹어도 배가 안 부른 것은?
　🎵담배, 욕

*먹으나 안 먹으나 항상 배부른 것은?
　🎵항아리

*먹으면 곧 누는 것은?
　🎵체

*먹으면 먹을수록 배고픈 것은?
　🎵소화제

*먹으면 서고 못 먹으면 주저앉는 것은?
　🎵쌀자루

*먹으면 죽는데 안 먹을 수 없는 것은?
　🎵나이

*먹지 않아도 맛이 단 것?
　🎵단잠

*먹지 않으면 알 수 없는 것은?
　🎵음식의 맛

*먹지도 못하면서 음식 심부름만 하는 것은?

85

♪숟가락, 젓가락

*먼 산을 보고 방귀 뀌는 것은?
♪총

*먼저 타고 뒤에 내리는 것은?
♪배 타는 사람

*모기가 좋아하는 은행은?
♪혈액 은행

*모든 사람이 길어졌다고 하는데 정작 실물은 조금도 길어지지 않은 것은?
♪해〔日〕

*모든 사람이 설날에 꼭 하나씩 먹는 것은?
♪나이

*모든 일은 아래서부터 시작하는데, 반대로 위에서부터 시작하는 일은?
♪우물 파기

*모든 일을 다 실을 수 있는 것은?
♪신문

*모든 사람들이 다 좋아하는 경기는?
♪호경기

*모양은 똑같은데 작아졌다 커졌다 하는 것은?
♪둥근 해

*모으면 버려야 하는 것은?
♪쓰레기통

*모자는 모자인데, 쓸 수 없는 모자는?
♪모자(母子)

*모자를 벗고 번갯불 치는 것은?
♪라이터

*모자 벗고 일하고 모자 쓰고 잠자는 것은?
♪만년필

*목수도 고칠 수 없는 집?
♪고집

*목을 조이는 것인데도 좋아하며 받는 선물은?
♪넥타이

*몸뚱이 하나에 꼬리 달고 하늘에서 춤추는 것은?
♪연

*몸에 항상 가지고 다니는 금은?
♪오금

*몸에 항상 가지고 다니는 음식 그릇은?
♪장딴지

*몸은 넷인데, 공중을 한 번 올라갔다 내려오면 어떤 놈은 젖혀지고 어떤 놈은 엎어지는 것은?
♪윷

*몸은 하나인데, 이가 수도 없이 많은 것은?
♪톱

*몸은 하나인데, 코만 많은 것은?
♪뜨개질

*몸은 흰데, 노란 옷만 입는 것은?
♪참외

*몸이 약해지면 '낫' 처럼 되고, 살이 찌면 '공' 처럼 되는 것은?
♪고무 풍선

*몸통에 구멍을 뚫어야 노래를 부르는 것은?
♪피리

*못사는 사람이 많아야 잘 되는 장사는?
♪철물점

*못 쓰는 일을 할수록 꼭 필요한 도구는?
♪장도리

*못은 못인데, 박을 수 없는 못은?
♪연못

*못 팔고도 돈 번 사람은?
♪철물점 주인

*무거울수록 위로 올라가는 것은?
♪저울 추

*무는 무인데, 늘어났다 줄었다 하는 것은?
♪고무

*무슨 일이든지 언제나 뒤로 미루기만 하는 사람들이 하는 일은?

♪차일피일

*무엇이든지 혼자 다 해 먹는 사람은?
♪자취생

*묵은 묵인데, 먹지 못하는 묵은?
♪침묵(沈默)

*문은 문인데, 떠돌아다니는 문은?
♪소문(所聞)

*문은 문인데, 손가락에 붙은 문은?
♪지문(指紋)

*문은 문인데, 온 세상 사람들이 다 볼 수 있는 문은?
♪신문(新聞)

*문을 열면 불이 켜지고 닫으면 꺼지는 것은?
♪냉장고(冷藏庫)

*물 없는 사막에서도 할 수 있는 물놀이는?
♪사물놀이

*물 중에서 가장 좋은 물?
♪선물

*물건을 사면서도 받는 돈?
♪거스름돈

*물건은 하나인데 보는 사람마다 다르게 보이는 것은?
♪거울

*물고기 중에서 가장 학벌이 좋은 물고기는?

♪고등어

*물고기의 반대말은?
♪불고기

*물에 들어가도 젖지 않고 불에 들어가도 타지 않는 것은?
♪그림자

*물에 빠지면 제일 처음 만나는 적은?
♪허우적

*물에서 태어났으면서도 물에 빠지면 죽는 것은?
♪소금

*물에 젖을수록 무거워지는 것은?
♪솜

*물은 물인데, 마시면 죽는 물은?
♪양잿물

*물은 물인데, 물고기들이 가장 싫어하는 물은?
♪그물

*물은 물인데, 사람들이 가장 무서워하는 물은?
♪괴물

*물은 물인데, 사람들이 가장 좋아하는 물은?
♪선물

*물은 물인데, 아주 오래 된 물은?
♪가물가물

*물은 물인데, 잘 보이지 않는 물은?
♪가물가물

*물은 물인데, 정직한 사람들이 싫어하는 물은?
♪뇌물

*물을 내뿜는 수많은 입을 가지고 있는 것은?
♪물뿌리개

*물을 먹으면 죽는 것은?
♪불

*물이 흘러야 사는 것은?
♪물레방아

*뭔지는 몰라도 자꾸만 보겠다고 하는 곡식은?
♪보리

*미끄럼 타면서 불을 만드는 것은?
♪성냥

*미소의 반대말은?
♪당기소

*미역 장수가 가장 좋아하는 산은?
♪해산, 출산

*밑으로 먹고 위로 게우는 것은?
♪분수

*밑으로 먹고 위로 내뱉는 것은?
♪대패

87

바가지는 바가지인데, 깨지지

않는 바가지는? (아내의) 바가지

바다에 뜬 사발은? 달

바다에서 사는 개는? 조개, 물개

바다에서 사는 개는? 조개, 물개

바다에서 사는 개는? 조개, 물개

반드시 모자를 벗어야만 할 수 있

반드시 모자를 벗어야만 할 수 있

반드시 모자를 벗어야만 할 수 있

는 일은? 이발

는 일은? 이발

는 일은? 이발

반쯤 앉고 반쯤 서서 추는 춤은?

반쯤 앉고 반쯤 서서 추는 춤은?

반쯤 앉고 반쯤 서서 추는 춤은?

엉거주춤

발 없이 천리 가는 것은? 소문

발 없이 천리 가는 것은?

발 없이 천리 가는 것은?

발이 두 개 달린 소는? 이발소

밤새도록 같이 있다가 날만 새면 헤어지는 것은? 이불, 요

밤에만 몰래 다니는 손님은? 도둑

밥을 주지도 않으면서 밥 준다는

것은? 시계

방귀 뀌고 하늘로 올라가는 것은?

방귀 뀌고 하늘로 올라가는 것은?

방귀 뀌고 하늘로 올라가는 것은?

로켓

로켓

로켓

방귀나무에 열리는 열매는?

방귀나무에 열리는 열매는?

방귀나무에 열리는 열매는?

오디(뽕나무 열매)

오디(뽕나무 열매)

오디(뽕나무 열매)

배꼽에 털이 난 것은? 도토리

배꼽에 털이 난 것은? 도토리

배꼽에 털이 난 것은? 도토리

벌레 중 가장 빨리 달리는 벌레는?

벌레 중 가장 빨리 달리는 벌레는?

벌레 중 가장 빨리 달리는 벌레는?

바퀴벌레(바퀴가 있으니까)

별 중에서 가장 슬픈 별은? 이별

병든 사람들이 가장 받고 싶어하

눈 복은? 회복

눈 복은? 회복
눈 복은? 회복

병아리가 제일 잘 먹는 약은? 삐약

병아리가 제일 잘 먹는 약은? 삐약
병아리가 제일 잘 먹는 약은? 삐약

보고도 못 먹는 떡은? 그림의 떡

보고도 못 먹는 떡은? 그림의 떡
보고도 못 먹는 떡은? 그림의 떡

부엌일 하는 사람과 가장 친한 거

지는? 설거지

북한 주민들이 평생 볼 수 없는 영

화는? 부귀 영화

분명히 자기가 사오고도 못 사왔

다는 것은? 못을 사온 것

불을 끄지 않으면 잠을 잘 수 없는

사람은? 소방관

비 올 때 웃는 웃음은? 비웃음

바가지는 바가지인데, 깨지지 않는 바가지는?
♪(아내의)바가지

*바다는 바다인데, 물이 없고, 기찻길이 있어도 기차가 없는 것은?
♪지도

*바다에 뜬 사발은?
♪달

*바다에서 사는 개는?
♪조개, 물개

*바닷가에서 해도 되는 욕은?
♪해수욕

*바닷물을 되로 잰다면 몇 되나 될까?
♪바다만한 되로 한 되

*바람이 불면 안 흔들리고 바람이 안 불면 흔들리는 것은?
♪부채

*바로 눈앞에 있는데도 안 보이는 것은?
♪눈꺼풀

*바로 눈앞을 딱 막았는데도 잘 보이는 것은?
♪안경

*바람만 불면 춤추는 것은?
♪갈대

*바람 불면 좋을 때는?
♪연 날릴 때

*바람에 새가 날아와서 벌레를 다 먹어치우는 것은 무슨 글자?
♪새 봉(鳳) 자

*바람은 바람인데, 불지 않는 바람은?
♪신바람

*바람이 불어야 가는 것은?
♪돛단배

*바위는 바위인데, 사람들이 싫어하는 바위는?
♪야바위

*바지 속에서 잃어버리고 못 찾는 것은?
♪방귀

*바지 속에서 없어지는 것은?
♪방귀

*바퀴 달고 하늘을 나는 것은?
♪비행기

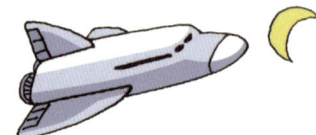

*박은 박인데, 농부들이 싫어하는 박은?
♪우박

*박은 박인데, 받으면 기분 나쁜 것은?
♪타박, 구박

*밖은 푸른데 안은 붉은 것은?
♪수박

*반드시 모자를 벗어야만 할 수 있는 일은?
♪이발

*반쯤 앉고 반쯤 서서 추는 춤은?
♪엉거주춤

*받기만 하고 줄 줄은 모르는 것은?
♪쓰레받기

*발도 없이 천하를 돌아다니는 것은?
♪바람

*발버둥치는 사람이 많은 곳은?
♪수영장

*발 없이 천리 가는 것은?
♪소문

*발에 달려 있는 목은?
♪발목

*발은 발인데, 머리 꼭대기에 달린 발은?

＊♪가발

＊발은 발인데, 허공에서 춤추는 발은?
♪깃발

＊발이 두 개 달린 소는?
♪이발소

＊발이 세 개 달린 것은?
♪삼발이

＊밝으면 밝을수록 잘 보이지 않는 것은?
♪영화

＊밟을수록 달아나는 것은?
♪자전거

＊밤낮 남의 말만 하는 것은?
♪전화통

＊밤낮없이 길을 가는 것은?
♪냇물

＊밤낮으로 냇가에서 머리 풀고 서 있는 것은?
♪수양버들

＊밤새도록 같이 있다가 날만 새면 헤어지는 것은?
♪이불, 요

＊밤에 불만 켜면 도망가는 것은?
♪어둠

＊밤에는 닫고 아침에 여는 것은?
♪대문

＊밤에는 찾아볼 수 없는 것은?
♪해

＊밤에만 몰래 다니는 손님은?
♪도둑

＊밤에 봐야 아름다운 꽃은?
♪불꽃

＊밥 먹고 나서 목욕하는 것은?
♪그릇, 수저

＊밥은 밥인데, 먹을 수 없는 밥은?
♪톱밥

＊밥 먹기 전에 세수하고, 또 밥 먹은 뒤에 다시 세수하는 것은?
♪식탁

＊밥을 주지도 않으면서 밥 준다는 것은?
♪시계

＊밥 퍼 주고도 밥을 못 얻어먹는 것은?
♪주걱

＊방귀 뀌고 하늘로 올라가는 것은?
♪로켓

＊방귀나무에 열리는 열매는?
♪오디(뽕나무 열매)

＊방귀 뀌면서 달려가는 것은?
♪오토바이

＊방귀만 먹고 사는 놈은?
♪누에(뽕만 먹고 사니까)

＊방 안에 있는 목 두 개는?
♪윗목, 아랫목

＊방 안에 치고 자는 텐트는?
♪모기장

＊방울은 방울인데, 소리가 안 나는 방울은?
♪솔방울

＊배고픈 사람들이 설내 먹어서는 안 되는 약은?
♪소화제

＊배꼽으로 먹고 입으로 토하는 것은?
♪연적(硯滴)

＊배꼽에 털이 난 것은?
♪도토리

＊배는 배인데, 못 먹는 배는?
♪돛단배

＊배우면 배울수록 어려운 것은?
♪공부

＊배울 것 다 배워도 여전히 배우라는 말을 듣는 사람

101

은?
　♪배우

*뱀이 실을 달고 여러 고개를 넘는 것은?
　♪바늘

*뱃속에 넣고 필요할 때만 꺼내는 것은?
　♪필통

*벌건 대낮에도 홀랑 벗고 손님을 기다리는 것은?
　♪통닭

*벌레 중 가장 빠른 벌레는?
　♪바퀴벌레(바퀴가 있으니까)

*법적으로 바가지 요금을 받아도 되는 장사는?
　♪바가지 장수

*별 중에 가장 슬픈 별은?
　♪이별

*병든 사람들이 가장 받고 싶어하는 복은?
　♪회복

*'병든 자여 다 내게로 오라' 고 말한 사람은?
　♪엿장수

*병신들만이 사는 나라는?
　♪네팔

*병아리가 제일 잘 먹는 약은?
　♪삐약

*병은 병인데, 앓지 않는 병은?
　♪꾀병

*보고도 못 먹는 떡은?
　♪그림의 떡

*보기는 보지만 가질 수 없는 것은?
　♪거울 속의 물건이나 그림자

*보는 보인데, 물건을 쌀 수 없는 보는?
　♪울보, 먹보

*보이지는 않으나 사람에게 없어선 안 되는 것은?
　♪공기

*보이지도 않는 말이 새끼를 많이 치는 것은?
　♪소문

*보통 때는 안 보이고 끓이면 보이는 것은?
　♪수증기

*볼 때는 안 보이고 안 볼 때는 보이는 것은?
　♪연극 볼 때 치는 막

*봉급자들이 한 달에 한 번씩 만져 보는 꼬리는?
　♪쥐꼬리

*봉사 생활을 오래 하다가 결국 빛을 본 사람은?
　♪심 봉사

*부르면 언제나 대답하지만 몸도 없고 손도 없고

발도 없는 것은?
　♪메아리

*부엌일 하는 사람과 가장 친한 거지는?
　♪설거지

*부인이 남편에게 매일같이 주는 상은?
　♪밥상

*북한 주민들이 평생 볼 수 없는 영화는?
　♪부귀영화

*분명히 자기가 사오고도 못 사왔다는 것은?
　♪못을 사온 것

*불을 끄지 않으면 잠을 잘 수 없는 사람은?
　♪소방관

*불을 붙이면 키가 점점 작아지는 것은?
　♪양초

*불이 났는데도 좋아하는 불은?
　♪모닥불

*불인데, 타지도 않고, 뜨겁지도 않고, 바람이 불어도 꺼지지 않는 불은?
　♪반딧불

*붙으면 죽고 떨어지면 사는 것은?
　♪고압선

＊붙잡아도 달아나는 것은?
♪시간

＊비가 안 와도 언제나 우산을 쓰고 있는 것은?
♪갓 쓴 전등

＊비가 오나 눈이 오나 해가 뜨나 빨간 옷을 입고 종이만 받아먹는 것은?
♪우체통

＊비가 와야 일하는 것은?
♪우산

＊비는 비인데, 꼭 피해 가야 하는 비는?
♪과소비

＊비는 비인데, 화장실에서 고통을 주는 비는?
♪변비

＊비는 비인데, 사람을 가난하게 만드는 비는?
♪낭비

＊비는 비인데, 사람을 홀리게 하는 비는?
♪도깨비

＊비는 비인데, 쓸지 못하는 비는?
♪비〔雨〕

＊비는 비인데, 주머니 속에 넣을 수 있는 비는?

♪차비

＊비를 맞아도 젖지 않는 것은?
♪연기, 그림자

＊비바람에 몽땅 날아가 버린 산은?
♪풍비박산(風飛雹散)

＊비 올 때 웃는 웃음은?
♪비웃음

＊비 올 때 내뱉는 욕은?
♪BYC

＊비틀어진 딱지에 고기 한 점 든 것은?
♪달팽이

＊빙글빙글 돌아가야만 소리가 나는 것은?
♪전축

＊빛깔이 흰색인데도 보라고 하는 것은?
♪눈보라

＊빛을 내면서 제 몸 제가 잡아먹는 것은?
♪촛불

＊빛이 보이면 소리가 나는 것은?
♪번개와 천둥

＊빨간 밥 먹고 빨간 똥 싸는 것은?
♪도장

＊빨간 얼굴에 검은 주근깨 투성이인 것은?
♪딸기

＊빨간 옷 입고 물 속으로 다니는 것은?
♪금붕어

＊빨간 주머니에 금돈이 가득 든 것은?
♪고추

＊빨면 빨수록 작아지는 것은?
♪담배

＊뼈 위에 털난 것은?
♪게

＊뼈 하나에 노란 이가 수없이 많이 나 있는 것은?
♪옥수수

＊뼈 속에 살이 든 것은?
♪호두

＊뼈 하나로 만들어진 사람은?
♪이브

＊뿔 없는 소는?
♪송아지

103

사는 것을 판다고 말하는 것은? 쌀

사람들이 가장 싫어하는 거리는?

걱정거리

사람들이 가장 좋아하는 춤은?

안성맞춤

사람들이 가장 좋아하는 영화는?

부귀 영화

사람들이 즐겨 먹는 피는? 커피

사람이 일생 동안 가장 많이 듣는

소리는? 슴 소리

새 발의 피 때문에 운명이 바뀐 두

사람은? 흥부와 놀부

새 중에서 가장 빠른 새는?

새 중에서 가장 빠른 새는?
새 중에서 가장 빠른 새는?

눈 깜짝할 새

눈 깜짝할 새
눈 깜짝할 새

새 중에서 진짜 새는? 참새

새 중에서 진짜 새는? 참새
새 중에서 진짜 새는? 참새

세계에서 가장 날쌘 개는? 번개

세 발로 걸어다니는 것은? 늙은이

세상에서 가장 머리가 긴 사람은?

장발장

세상에서 가장 예쁜 소는? 미소

세상에서 가장 잘 깨지는 유리창

은? 와장창

손님이 깎아 달라는 대로 다 깎아

주는 사람은? 이발사

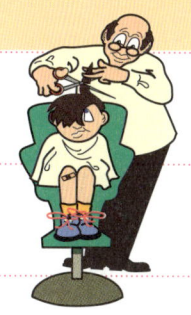

사

사계절 내내 푸른 옷을 입고 있는 것은?
♪소나무

*사는 것을 판다고 말하는 것은?
♪쌀

*사람들에게 올 때, 늘 사이렌을 불면서 오는 것은?
♪모기

*사람들이 가장 가기 싫어하는 길은?
♪저승길

*사람들이 가장 좋아하는 춤은?
♪안성맞춤

*사람들이 가장 좋아하는 영화는?
♪부귀영화

*사람들이 즐겨 먹는 피는?
♪커피

*사람은 사람인데, 햇빛이 비치면 녹는 사람은?
♪눈사람

*사람의 몸무게가 가장 많이 나갈 때는?
♪철들 때

*사람이 들어가면 움직이는 집은?
♪가마

*사람이 먹을 수 없는 다리는?
♪사다리

*사람이 먹을 수 있는 제비는?
♪수제비

*사람이 옥에 갇혀 있는 글자는?
♪갇힐 수(囚) 자

*사람이 일생 동안 가장 많이 듣는 소리는?
♪숨소리

*사람이 죽은 고을의 이름은?
♪곡성(谷城)

*사방 어느 쪽에서 보나 북인 것은?
♪북(치는)

*사시사철 눈만 깜박이고 서 있는 것은?
♪신호등

*사온다고 하면서도 못 사오는 것은?
♪못

*산에 숨어서 남의 흉내만 내는 것은?
♪메아리

*산은 산인데, 들어올릴 수 있는 산은?
♪우산

*산은 산인데, 나무가 하나도 없는 산은?
♪재산

*산은 산인데, 미역 장수가 제일 좋아하는 산은?
♪출산

*산은 산인데, 먹을 수 있는 산은?
♪구론산

*산타클로스가 싫어하는 음식은?
♪울면

*살아 있어도 우리 눈에 보이지 않는 것은?
♪세균

*살은 살인데, 나무로 만든 살은?
♪문살

*살은 살인데, 날아다니는 살은?
♪화살

*살은 살인데, 아픈 살은?
♪몸살

*살은 살인데, 얄미운 살은?
♪엄살

*삶을수록 단단해지는 것은?
♪달걀

* 삼시 세 때 주리를 트는 것은?
  ♪행주

* 삼키지 않고 뱉어야 되는 약은?
  ♪치약

* 삽 없이도 땅굴을 잘 파는 것은?
  ♪두더지

* 상위에서 두 다리 춤추는 것은?
  ♪젓가락

* 상인들이 싫어하는 경기는?
  ♪불경기

* 새는 새인데, 날지 못하는 새는?
  ♪노새

* 새도 되고 쥐도 되는 것은?
  ♪박쥐

* 새 발의 피 때문에 운명이 바뀐 두 사람은?
  ♪흥부와 놀부

* 새 중에서 가장 빠른 새는?
  ♪눈 깜짝할 새

* 새 중에서 가장 큰 새는?
  ♪하늘과 땅 새(사이)

* 새 중에서 진짜 새는?
  ♪참새

* 샐러리맨이 가장 좋아하는 일은?
  ♪휴일

* 생명도 없는 줄기인데, 환환 꽃이 피는 것은?
  ♪전기

* 생일이 곧 제삿날인 것은?
  ♪하루살이

* 생전 거짓말하지 않는 것은?
  ♪거울

* 생떼를 쓰면서 우기기 잘하는 거지는?
  ♪어거지

* 서러운 일도, 누구한테 맞은 일도 없이 눈물이 나는 것은?
  ♪하품

* 서로 진짜라고 우기는 신은?
  ♪옥신각신

* 서서 잠자는 것은?
  ♪말

* 서서 쉬고 앉아서 일하는 것은?
  ♪거문고

* 서양에서는 서고, 동양에서는 누워 있는 글자는?
  ♪한 일(一) 자

* 서울역은 어느 구로 들어갈까?
  ♪개찰구

* 석 자밖에 안 되는 도시는?
  ♪삼척

* 석탄이 석유가 되게 하려면 어떻게?
  ♪석탄을 팔아서 그 돈으로 석유를 사면 됨

* 선거철에 입후보자가 일구는 밭은?
  ♪표밭

* 선생님들이 매일 찾는 나무는?
  ♪주목

* 선은 선인데, 고양이가 가장 좋아하는 선은?
  ♪생선

* 선은 선인데, 못 지우는 선은?
  ♪유람선

* 성격 차이로 다투던 부부의 마지막 의견 일치는?
  ♪합의이혼

* 성공하면 죽고 실패하면 사는 것은?
  ♪자살

* 성미 급한 사람들을 비춰 주는 달은?
  ♪안달복달

* 세계 어디로 가나 가장 빠른 차는?
  ♪첫차

* 세계에서 가장 날쌘 개는?
  ♪번개

* 세계에서 데모를 가장 많이 하는 나라는?
  ♪우간다

* 세계에서 몸집에 제일 큰 여자의 이름은?
  ♪태평양

* 세균 중에서 대장은?
  ♪대장균

* 세모꼴 모자를 쓰고 다리가 열 개 달린 것은?
  ♪오징어

* 세모난 그릇에 하얀 분이 가득 들어 있는 것은?
  ♪메밀

* 세 발로 걸어다니는 것은?
  ♪늙은이

* 세상 모든 것을 다 덮는 것은?
  ♪눈꺼풀

* 세상 사람들이 똑같이 먹는 것은?
  ♪나이

* 세상에서 가장 골치 아픈 끈은?
  ♪지끈지끈

* 세상에서 가장 긴 것은?
  ♪길

* 세상에서 가장 달콤한 국은?
  ♪천국

* 세상에서 가장 더럽고 추잡스럽기 짝이 없는 개는?
  ♪꼴불견

* 세상에서 가장 머리가 긴 사람은?
  ♪장발장

* 세계에서 가장 빠른 개는?
  ♪번개

* 세상에서 가장 빠른 닭은?
  ♪후닥닥

* 세상에서 가장 예쁜 소는?
  ♪미소

* 세상에서 가장 작은 섬은?
  ♪건포도

* 세상에서 가장 잘 깨지는 유리창은?
  ♪와장창

* 세상에서 가장 추운 바다는 어디?
  ♪썰렁해!

* 세상에서 제일 큰 코는?
  ♪멕시코

* 세상의 어떤 것이든 금방 똑같이 그리는 것은?
  ♪거울

* 세상에서 가장 뜨거운 바다는 어디일까요?
  ♪열바다

* 세 사람만 탈 수 있는 차는?
  ♪인삼차

* 세상에 태어나서 열여섯 살에 다 크고, 열여섯부터는 다시 작아져 서른 살에 죽는 것은?
  ♪달

* 세종대왕의 새 직업은?
  ♪조폐 공사 전속 모델

* 세탁소 주인이 좋아하는 나무는?
  ♪구기자나무

* 소가 외나무다리를 건너가는 글자는?
  ♪날 생(生) 자

* '소가 웃는 소리'를 세 글자로 하면?
  ♪우(牛)하하

* 소금으로 부자가 되려면?
  ♪소와 금으로 나눔

* 소금을 죽이면 무엇이 될까?
  ♪죽염

* 소금장수가 좋아하는 사람은?
  ♪싱거운 사람

* 소는 소인데, 공기보다 가벼운 소는?
  ♪수소

*소는 소인데 날아다니는 소는?
♪하늘소

*소리는 소리인데, 특히 여자들이 싫어하는 소리는?
♪잔소리

*소리 없이 가는데 붙잡을 수 없는 것은?
♪세월

*소리 나는 꽃은?
♪나팔꽃

*소방관들이 모든 국민들에게 자나깨나 하고 다니는 말은?
♪화(火)내지 마

*소방서가 필요 없는 동네는?
♪방화동

*속상한 사람이 많을수록 돈을 잘 버는 사람은?
♪의사

*속이 끓어오르는 사람이 쓴 글은?
♪부글부글

*속이 빌수록 큰소리를 내는 것은?
♪깡통

*손가락으로 싸우는 놀이는?

♪가위바위보

*손님들에게 악착같이 바가지 요금을 받는 사람은?
♪바가지 장수

*손님 앞에서도 오줌 싸는 것은?
♪주전자

*손님에게 등을 보이지 않으면 장사할 수 없는 직업은?
♪운전사

*손님이 깎아 달라는 대로 다 깎아 주는 사람은?
♪이발사

*손님이 들어가서 주인을 내쫓는 것은?
♪열쇠

*손님이 뜸하면 돈 버는 사람은?
♪한의사

*손님이 없으면 없을수록 좋은 곳은?
♪교도소

*손님이 올 때마다 끌려 나오는 것은?
♪방석

*손님이 오면 방 가운데 앉는 것은?
♪재떨이

*손님이 오면 제일 먼저 나가서 인사하는 것은?
♪개

*손도 발도 없는데 온 세상을 다 돌아다니는 것은?
♪말(言)

*손도 발도 없으면서 늘 우리 몸에 붙어다니는 것은?
♪옷

*손 안 대고 나무를 흔드는 것은?
♪바람

*손에 항상 쥐고 다니는 금은?
♪손금

*손을 대지 않고 쌀 수 있는 것은?
♪똥

*손을 올리면 멈추는 것은?
♪택시

*쇠 먹고 똥 누는 것은?
♪도가니

*쇠만 먹고 사는 것은?
♪용광로

*수영장에서 물에 빠지면 만나는 무서운 적은?
♪허우적

*수컷 제비가 암컷 제비를 부를 때 하는 말은?
♪지지배

*수험생이 가장 싫어하는 국은?
♪미역국

*술은 술인데, 못 먹는 술?
♪요술, 마술, 심술

*술은 술인데, 어린이가 배워도 되는 술은?
♪무술

*술은 술인데, 자신을 보호하기 위해 배우는 술은?
♪호신술

*술을 마셔야 만나는 동물은?
♪고래

*숫자 열 개로 어디에 사는 누구든 불러내는 것은?
♪전화기

*쉴 새 없이 부딪쳐도 소리가 안 나는 것은?
♪눈꺼풀

*슈퍼마켓에서 일하는 남자를 세 글자로 줄이면?
♪슈퍼맨

*스님들이 전혀 걱정할 필요가 없는 병은?
♪탈모증

*스키는 스키인데, 먹는 스키는?
♪위스키

*슬플 때나 기쁠 때나 제일 먼저 나오는 것은?
♪눈물

*식당에서 키우는 개는?
♪이쑤시개

*식인종이 거지를 보고 하는 말은?

*불량식품

*신경통 환자가 가장 싫어하는 악기는?
♪비올라

*신발 속에서 사는 새는?
♪발냄새

*신발에 들어 있는 쇠는?
♪구두쇠

*신발 가게에서 주인과 손님이 다투는 소리는?
♪옥신각신

*신은 신인데, 못 신는 신?
♪귀신

*실없는 사람한테는 있으나마나 한 것은?
♪바늘

*실컷 두들기고 고맙다는 말을 듣는 것은?
♪안마쟁이

*십리 길의 가운데에서 만나는 동물은?
♪오리

*싸우려면 먼저 뭉쳐야 하는 것은?
♪눈싸움

*쌀밥에 보리차를 말아서 먹으면?

♪혼식

*쌀의 나이는?
♪백 살〔백미(白米)라고 하니까〕

*썩어야 먹는 것은?
♪메주

*쓰기는 분명히 썼는데 읽을 수는 없는 것은?
♪모자

*쓰면 쓸수록 늘어나는 것?
♪지식

*쓰면 쓸수록 좋아지는 것?
♪머리

*쓰면 쓸수록 커지는 것은?
♪빚

*쓸 때는 쪼개야 하는 것은?
♪나무젓가락

*씨를 뿌린 적도 없는데 잘 자라는 것은?
♪머리카락

*씨앗도 안 뿌렸는데 돋아나서 자라는 것은?
♪뿔

*씹지 못하는 이는?
♪오이

*4자 일곱 개로 100을 만들려면?
♪44+44+4+4+4

아기도 아닌데 등에 업혀 학교에

다니는 것은? **책가방**

아기일 때는 못 울고 어른이 되면

울 수 있는 것은? 개구리

울 수 있는 것은? 개구리
울 수 있는 것은? 개구리

아래로는 못 가고 위로만 가는 것

아래로는 못 가고 위로만 가는 것
아래로는 못 가고 위로만 가는 것

은? 연기, 김

은? 연기, 김
은? 연기, 김

아무리 빨리 달려도 따라오는 것

은? 그림자

아무리 잘 드는 칼로도 도저히 자

를 수 없는 것은? 물

를 수 없는 것은? 물
를 수 없는 것은? 물

아홉 명의 자식을 석 자로 줄이면?

아홉 명의 자식을 석 자로 줄이면?
아홉 명의 자식을 석 자로 줄이면?

아이구

아이구
아이구

아침마다 절 받는 것은? 세면대

아침마다 절 받는 것은? 세면대

아침마다 절 받는 것은? 세면대

아프지도 않은데 매일 집에서

아프지도 않은데 매일 집에서

아프지도 않은데 매일 집에서

쓰는 약은? 치약

쓰는 약은? 치약

쓰는 약은? 치약

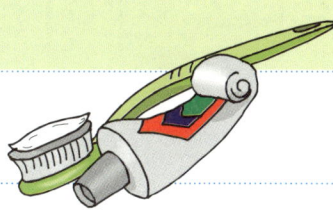

앉으면 높아지고 서면 얕아지는

것은? 천장

약은 약인데, 아껴 먹어야 하는 약

은? 절약

여름에 먹는 것인데 아무리 먹어도

배부르지 않는 것은? 더위

열 명 있어도 한 사람이라고 하는

것은? 한의사

예의바른 사람이 사는 동네는?

인사동

인사동
인사동

오리의 방석은? 물

오리의 방석은? 물
오리의 방석은? 물

옮길수록 커지는 것은? 소문

옮길수록 커지는 것은? 소문
옮길수록 커지는 것은? 소문

우리가 잠잘 때, 늘 곁에 있는 개

는? **베개**

우리나라에서 가장 큰 모자를 쓴

사람은? 가장 머리 큰 사람

사람은? 가장 머리 큰 사람

사람은? 가장 머리 큰 사람

운전자들이 꼭 배워야 할 춤은?

운전자들이 꼭 배워야 할 춤은?

운전자들이 꼭 배워야 할 춤은?

우선 멈춤

우선 멈춤

우선 멈춤

일단은 외울 필요가 없는 것은?

일단은 외울 필요가 없는 것은?
일단은 외울 필요가 없는 것은?

구구단

구구단
구구단

읽을 수 없는 책은? 속수무책

읽을 수 없는 책은? 속수무책
읽을 수 없는 책은? 속수무책

입만 벌렸다 닫았다 하면 일이 되

입만 벌렸다 닫았다 하면 일이 되

입만 벌렸다 닫았다 하면 일이 되

는 것은? 가위

는 것은? 가위

는 것은? 가위

입방아를 찧어 만든 떡은? 쑥떡쑥떡

입방아를 찧어 만든 떡은? 쑥떡쑥떡

입방아를 찧어 만든 떡은? 쑥떡쑥떡

아

*아가리 없는 단지에 두 가지 물이 든 것은?
  ♪달걀

*아궁이에서 불 때고 굴뚝에서 먹는 것은?
  ♪담뱃대

*아기도 아닌데 등에 업혀 학교에 다니는 것은?
  ♪책가방

*아기를 앞에 업고 다니는 것은?
  ♪캥거루

*아기일 때는 못 울고 어른이 되면 울 수 있는 것은?
  ♪개구리

*아기 있는 사람이 살기 싫어하는 동네는?
  ♪미아동

*아기 토마토가 커서 되고 싶은 것은?
  ♪케첩

*아들은 날아가도 아버지는 못 날아가는 것은?
  ♪활과 화살

*아래는 하얗고 위는 빨간데 눈물을 줄줄 흘리는 것은?
  ♪양초

*아래로는 못 가고 위로만 가는 것은?
  ♪연기, 김

*아래로 먹고 위로 토하는 것은?
  ♪총, 대패

*아무 죄도 없는데 목에 밧줄을 맨 것은?
  ♪두레박

*아무 죄도 없이 고개를 숙이고 있는 것은?
  ♪콩나물

*아무것도 안 먹어도 뚱뚱이가 되었다가 홀쭉이가 되었다가 하는 것은?
  ♪달

*아무나 봐도 웃는 것은?
  ♪꽃

*아무도 믿을 수 없다는 사람이 가장 믿는 신은?
  ♪자기 자신

*아무리 늦어도 빠르다고 하는 것은?
  ♪죽음

*아무리 가도 만나지 못하는 것은?
  ♪평행선

*아무리 가도 제자리에 있는 것은?
  ♪쳇바퀴

*아무리 나이를 먹어도 늘 푸른 것은?
  ♪상록수

*아무리 높은 사람도 모자를 벗어야 하는 곳은?
  ♪이발관, 미용실

*아무리 두드려도 소리가 안 나는 북은?
  ♪동서남북

*아무리 따라다녀도 방에 들어가지 못하는 것은?
  ♪신발

*아무리 때려도 멍들지 않는 것은?
  ♪다듬이

*아무리 마셔도 탈나지 않는 것은?
  ♪공기

*아무리 마셔도 배부르지 않는 것은?
  ♪담배 연기

*아무리 만원 버스라도 늘 앉아서 가는 사람은?
  ♪운전 기사

*아무리 많이 실어도 무겁지 않은 것은?
  ♪신문 기사

*아무리 말을 하려고 해도 못하고, 아무리 말을 안 하려고 해도 하게 되는 것은?
  ♪잠꼬대

*아무리 먹어도 배부르지

않지만 죽게 되는 것은?
♪나이

*아무리 멀리 가도 가까운 사람은?
♪친척

*아무리 모자라도 버릴 수 없는 것은?
♪어머니와 아들

*아무리 문을 두드려도 절대 열어 주지 않는 것은?
♪감옥

*아무리 베어도 베어지지 않는 것은?
♪공기, 물, 불, 그림자, 연기

*아무리 빨리 걷고 또 뛰어서 앞서 가려고 해도 형이 동생을 앞서지 못하는 것은?
♪사륜마차

*아무리 빨리 달려도 앞차를 앞지를 수 없는 차는?
♪기차

*아무리 빨리 돌아도 한 자리에서 도는 것은?
♪물레방아

*아무리 빨리 달려도 따라오는 것은?
♪그림자

*아무리 씹어도 삼킬 수 없는 것은?
♪껌

*아무리 잘 드는 칼로도 자를 수 없는 것은?
♪물

*아무리 재주가 좋은 사람이라도 낮이 아니면 할 수 없는 것은?
♪낮잠

*아무리 쳐도 빨리 돌지 않는 것은?
♪달팽이

*아버지는 청춘이고 아들은 백발인 것은?
♪목화

*아비 목 베는데 자식이 춤추는 것은?
♪나무 베는 것

*아우는 형 집에 들어가도 형은 아우 집에 못 들어가는 것은?
♪그릇

*아이들이 긴 막대에 흙덩이를 낀 글자는?
♪효도 효(孝) 자

*아이들이 어른들에게 구경시켜 주는 것은?
♪학예회

*아이 때 희고, 커서는 푸르고, 늙어서는 붉은 것은?
♪고추

*아이의 얼굴에는 없고 남자 어른의 얼굴에만 있는 까끌까끌한 것은?
♪수염

*아이큐 30이 생각하는 산토끼의 반대말은?
♪끼토산

*아이큐 60이 생각하는 산토끼의 반대말은?
♪집토끼

*아이큐 80이 생각하는 산토끼의 반대말은?
♪죽은 토끼

*아이큐 100이 생각하는 산토끼의 반대말은?
♪바다 토끼

*아이큐 150이 생각하는 산토끼의 반대말은?
♪판 토끼

*아이큐 200이 생각하는 산토끼의 반대말은?
♪알칼리 토끼

*아침마다 절받는 것은?
♪세면대

*아침에는 네 발로, 낮에는 두 발로, 저녁에는 세 발로 걷는 것은?
♪사람

*아침에 열 냥, 저녁에 닷 냥은?
♪문(門)

*아침에는 키다리, 낮에는 난쟁이, 저녁에는 다시 키다리가 되는 것은?
♪사람의 그림자

*아침저녁 수시로 목욕하는 것은?
♪그릇

*아침저녁으로 침만 흘리고 못 얻어먹는 것은?
♪행주

*아프지도 않은데 매일 집에서 쓰는 약은?
♪치약

*아홉 명의 자식을 석 자로 줄이면?
♪아이구

*안 먹으려야 안 먹을 수 없고, 먹어도 배는 안 부르고, 많이 먹으면 죽는 것은?
♪나이

*앉으면 높아지고 서면 얕아지는 것은?
♪천장

*앉을 수는 있어도 걷지는 못하는 것은?
♪의자

*앉지도 못하고 시원하게 걷지도 못하고 밤낮 흔들거리기만 하는 나라는?
♪브라질

*알 낳고 방귀 뀌는 것은?
♪총

*알 낳고 우는 것은?
♪닭

*알은 알인데, 껍질도 까지 않고 통째로 먹는 알은?
♪밥알

*알은 알인데, 날아가는 알은?
♪총알

*알 중에 가장 큰 알은?
♪눈알(온 세상이 다 보이니까)

*알파벳은 모두 몇 글자인가?
♪3글자

*앞뒤로 집이 6개(큰 놈은 10개)가 있는데 매일 사람을 가득 삼켰다 토했다 하는 괴물은?
♪전차

*앞산에서는 불이 타고, 뒷산에서는 연기가 나는 것은?
♪담뱃대

*앞서 가는 동생을 형이 못 쫓아가는 것은?
♪수레바퀴

*앞에서 가면 옆에서 못 지나가고, 옆으로 지나가면 앞으로 못 가는 것은?
♪횡단보도

*앞에서는 나팔을 불고 뒤에서는 춤추는 것은?
♪개

*앞으로는 가도 뒤로는 못 가는 것은?
♪시냇물, 세월

*애 태우면 태울수록 좋은 사람은?
♪목마 태워 주는 사람

*약은 약이라도 못 먹는 약은?
♪구두약, 화약

*약은 약인데, 아껴 먹어야 하는 약은?
♪절약

*양계장을 하다가 망한 사람을 3글자로?
♪알거지

*양식을 먹으면서 함께 부르는 노래는?
♪포크송

*양심 있는 사람이나 양심 없는 사람이나 모두 시키면 것은?
♪그림자

*양은 양인데 많이 배운 사람에게 많은 양은?
♪교양

*앞도 절벽, 뒤도 절벽인데 팽팽 돌아 문이 난 집은?
♪달팽이, 소라

*앞에서 보나 위에서 보나 아래에서 보나 모양이 똑같은 것은?
♪공

*양초가 가득 차 있는 상자를 3자로 줄이면?
♪초만원

*어깨로 먕고 허리로 똥 누는 것은?
  ♩맷돌
*어느 누구에게 주어도 조금도 없어지지 않는 것은?
  ♩지식
*어두울 때면 우리 곁에서 머리를 풀어헤치고 눈물을 흘리는 것은?
  ♩양초
*어떤 장사라도 모래판에 무릎을 꿇려야만 하는 것은?
  ♩천하장사
*어려서는 까맣고, 젊어서는 빨갛고, 늙어서는 하얗게 되는 것은?
  ♩연탄
*어려서는 물 속을 다니고 커서는 하늘을 다니는 눈알이 뒤룩거리는 곤충은?
  ♩잠자리

*어른인데도 침을 흘리며 우는 것은?
  ♩소
*어릴 때는 꼬리로 헤엄치고, 커서는 다리로 헤엄치는 것은?
  ♩개구리
*어릴 때는 못 울고 커서는 우는 것은?
  ♩매미, 개구리
*어릴 때는 옷을 입고 있다가 차차 커지면 옷을 벗어 버리는 것은?
  ♩밤송이
*어미는 가만히 있는데 자식은 좋아라고 춤을 추는 것은?
  ♩나무
*언론의 자유를 가로막는 2가지 동물은?
  ♩쥐와 새(낮말은 새가 듣고 밤말은 쥐가 듣는다)
*언제나 까만 마음(흑심)을 품고 있는 것은?
  ♩연필
*언제나 말다툼이 있는 곳은?
  ♩경마장
*언제나 새 옷만 입는 것은?
  ♩마네킹
*언제나 우산같이 서 있는 것은?
  ♩버섯
*언제든지 외상으로 먹을 수 있는 음식은?
  ♩밥(겸상이나 외상으로 먹을 수 있으니까)
*얻어맞고 비틀거리고 하늘에서 춤추는 것은?
  ♩빨래
*얼굴 가득 가스를 마시고 하늘 높이 떠 있는 것은?
  ♩애드벌룬
*얼굴 없이 말하는 것은?
  ♩전화
*얼굴에 딱지를 붙이고 어디든지 가는 것은?
  ♩편지
*얼굴이 6개고 눈은 21개인데, 밤낮 뒹구는 것은?
  ♩주사위
*얼릴수록 뜨거워지는 것은?
  ♩사랑
*엄마는 날아다니고 아기는 기어다니는 것은?
  ♩나비와 애벌레
*엄마 옆에 있는 고리는?
  ♩반짇고리
*엉덩이에 모자 쓰고 배꼽에 털 난 것은?
  ♩도토리
*엉덩이에 불을 때면 입으로 김을 내뱉는 것은?
  ♩주전자
*엎어 놓거나 바로 놓아도 늘 말똥말똥 하는 것은?
  ♩말의 똥
*엘리베이터는 무슨 힘으로 움직일까?
  ♩스위치
*여름에는 나지 않고 겨울에만 나는 김은?

♪입김

*여름에는 들어가지만 겨울에는 못 들어가는 것은?
♪강, 바다

*여름에는 옷을 입고 겨울에는 옷을 벗는 것은?
♪활엽수

*여름에도 찬바람이 부는 것은?
♪에어컨

*여름에 먹는 것인데 아무리 먹어도 배부르지 않는 것은?
♪더위

*여름이나 겨울이나 언제나 겨울인 것은?
♪냉장고

*여자가 가장 좋아하는 집은?
♪시집

*여자들이 항상 다듬는 톱은?
♪손톱

*여자 목욕탕에서 공포의 대상은?
♪체중계

*연기가 안 나는 불은?
♪전깃불

*연은 연인데 하늘 높이 뜨지 못하는 연은?
♪인연

*연은 연인데 많은 사람들이 보고 즐기는 연은?
♪공연

*연을 띄우면 띄울수록 자꾸 야위어지는 것은?
♪실패

*열 놈이 잡아당기고 다섯 놈이 들어가는 것은?
♪버선 신는 것

*열 명 있어도 한 사람이라고 하는 것은?
♪한의사

*열에는 1개, 백에는 2개, 천에는 3개 있는 것은?
♪숫자 0

*열(十;십)에 댓잎 하나 붙은 글자는?
♪일천 천(千) 자

*엿장수도 싫어하는 병은?
♪위장병

*엿장수가 가장 싫어하는 쇠는?
♪구두쇠

*옆으로는 다녀도 앞뒤로는 못 다니는 것은?
♪게

*옆으로 먹고 옆으로 누는 것은?
♪작두

*예의바른 사람이 사는 동네는?
♪인사동

*오뉴월에 찬바람이 나는 것은?
♪부채, 선풍기, 에어컨

*오는 손님을 내쫓는 동네는?
♪가락동

*오던 놈인지 가던 놈인지 모르는 것은?
♪게

*오르면 오를수록 나쁜 것은?
♪물가

*오르면 오를수록 좋은 것은?
♪월급

*오른손으로는 들 수 있어도 왼 손으로는 못 드는 것은?
♪왼손

*오른쪽 귀와 같은 것은?
♪왼쪽 귀

*오른쪽 눈으로 보면 왼쪽에 있고, 왼쪽 눈으로 보면 오른쪽에 있는 것은?
♪자기 코

*오리는 오리인데, 날지도 못하면서 행패만 부리는 오리는?
♪탐관오리

*오리는 오리인데, 뱅뱅 돌아가는 오리는?
♪회오리

*오리의 방석은?
♪물

*오막살이에 백발 노인이 들락날락하는 것은?
♪콧물

*오이의 나이는 몇 살?
♪쉰두(52) 살

*옥으로 만든 궤 속에 금덩어리가 들어 있는 것은?
♪달걀

*온통 문제투성인 것은?
♪시험지

*온 힘을 다해 말을 빠르게 하는 것은?
♪경마 기수

*올 때에도 갈 때라고 하는 것은?
♪갈대(풀 이름)

*올라가면 내려가고 내려오면 올라가는 것은?
♪시소

*올라가면 닫히고 내려가면 열리는 것은?
♪지퍼

*올라가면 하나가 되고, 내려오면 둘이 되는 것은?
♪지퍼

*올림픽 경기에서 권투를 잘하는 나라는?
♪칠레

*옮길수록 커지는 것은?
♪소문

*옷 벗기고, 털 뽑고, 살은 먹고, 뼈는 버리는 것은?
♪옥수수

*옷에 걸고 다니는 빵은?
♪멜빵

*옷을 가장 많이 해 입는 나라는?
♪가봉

*왕이 넘어지면 뭐가 될까?
♪킹콩

*왕이 타고 다니는 차는?
♪킹카

*외국 나가는 사람들이 찾는 나무는?
♪비자나무

*외나무 끝에 갈대밭이 있는 것은?
♪칫솔

*외나무 다리에 솥이 걸려 있는 것은?
♪기다란 담뱃대

*외출할 때 가장 윗자리를 차지하는 것은?
♪모자

*왼쪽에 서면 좌익 세력, 오른쪽에 서면 우익 세력, 앞에 서면 선동 세력, 뒤에서면 배후 세력, 그러면 중간에 서면 무슨 세력인가?
♪핵심세력

*우리가 잠잘 때, 늘 곁에 있는 개는?
♪베개

*우리나라 대학생을 가장 많이 울린 탄은?
♪최루탄

*우리나라 최초의 다이빙 선수는?
♪심청이

*우리나라 최초의 돌팔이 의사는?
♪흥부

*우리나라에서 가장 높은 역은?
♪서울역(모두 올라오니까)

*우리나라에서 가장 큰 모자를 쓴 사람은?
♪가장 머리 큰 사람

*우리나라에서 도를 통한 스님이 가장 많은 절은?
♪통도사

*우리나라에서 키가 제일 큰 사람은 몇 명일까?
♪한 명

*우리나라에서는 꼬마들도 아는데 외국에서는 어른들도 잘 모르는 것은?
♪한글

*우리나라 의상계에서 패션을 창시한 사람은?

135

♪의상 대사

* '우리에게 내일은 없다!'는 말은 누가 했나?
  ♪하루살이

* 우물 안의 흰 돌은?
  ♪이빨

* 우습게 봐 줄수록 좋다고 하는 사람은?
  ♪코미디언

* 우주 사이의 등불 두 개는?
  ♪해와 달

* 운동화 때문에 인간이 자신을 버렸다고 말하는 벌레는?
  ♪짚신벌레

* 운전자들이 꼭 배워야 할 춤은?
  ♪우선 멈춤

* 울기는 처량하게 울어도 헛울음 우는 것은?
  ♪매미

* 울다가 다시 웃는 사람을 5자로 줄이면?
  ♪아까운 사람

* 울어도 눈물이 없고 웃어도 웃음이 없는 것은?
  ♪물고기

* 울어도 흉내 내고 웃어도 흉내 내는 것은?

♪거울

* 울타리 아래 아이 업고 서 있는 것은?
  ♪옥수수

* 움직이는 집은 무엇?
  ♪가마

* 움켜쥐고 기르는 것은?
  ♪실꾸리

* 웃으면 이빨이 쏟아지는 것은?
  ♪석류 열매

* 원숭이를 구우면 무엇이 될까?
  ♪구운몽

* 위로 내려가는 것은?
  ♪먹은 음식

* 위로 먹고 위로 나오는 것은?
  ♪병, 항아리

* 위에서는 산수 공부 하는데 밑에서는 그네 타고 노는 것은?
  ♪추시계

* 위에서는 필요 없고 아래에서만 사용되는 것은?
  ♪책받침

* 윗니보다 아랫니가 더 많은 것은?
  ♪피아노

* 윗마을과 아랫마을이 힘을 합해야만 일할 수 있는 것은?

♪이빨

* 음매음매 우는 나무는?
  ♪소나무

* 이 가운데 맨 나중에 나는 이는?
  ♪틀니

* 이는 이인데, 아이들이 좋아하는 이는?
  ♪떡볶이

* 이 방 저 방 해도 제일 좋은 방은?
  ♪서방

* 2 빼기 2(이 빼기 이)는?
  ♪틀니

* 이 산에서 소리치면 저 산에서 흉내내는 것은?
  ♪메아리

* 이 산 저 산을 빨간 혀로 핥아 가는 것은?
  ♪산불

* 이 산 저 산의 풀을 다 먹고도 배가 고파서 입을 벌리는 것은?
  ♪아궁이

* 이 세계(개)가 마구 흔들리면 어디로 가야 하나?
  ♪치과

* 이 세상 만물을 모두 덮는 것은?
  ♪눈꺼풀

* 이 세상에서 가장 좋은 통은?

♪운수대통

*이 세상에서 가장 힘든 일은?
　♪칼로 물 베기

*이 세상에서 제일 맛난 음식은?
　♪배 고팠을 때 먹는 음식

*이 세상에 태어날 때부터 모두 쌍둥이인 것은?
　♪젓가락

*이분의 일 했다고 하는 뜻은?
　♪반했다

*이빨이 가장 튼튼한 개는?
　♪치와와

*이상한 사람들이 모이는 곳은?
　♪치과

*이자 없이 꾸는 것은?
　♪꿈

*일 년에 한 번밖에 못 먹는 것은?
　♪나이

*일단은 외울 필요가 없는 것은?
　♪구구단

*일어섰을 때는 안 보이고, 앉았을 때만 보이는 것은?

♪발바닥

*일을 많이 할수록 키가 작아지는 것은?
　♪초, 연필

*1천만 서울시민이 한 마디씩 하다면?
　♪천만의 말씀

*일하기 전에 반드시 검은 물에 목욕하는 것은?
　♪붓

*일할 때는 드러눕는 것은?
　♪홍두깨

*읽을 수 없는 책은?
　♪속수무책

*임꺽정이 타고 다니는 차는?
　♪으라차차차!

*임산부는 걱정하는 산은?
　♪유산

*입는 고리는?
　♪저고리

*입만 벌렸다 닫았다 하면 일이 되는 것은?
　♪가위

*입방아를 찧어 만든 떡은?
　♪쑥떡쑥떡

*입 속에 입이 있는 글자는?
　♪돌아올 회(回) 자

*입으로 먹고 배로 내놓는 것은?

♪우체통

*입으로 먹고 입으로 내놓는 것은?
　♪병

*입으로 먹고 입으로 토하는 것은?
　♪자루

*입으로 먹지 않고 귀로 먹는 것은?
　♪욕

*입은 하나인데, 똥구멍이 여럿인 것은?
　♪떡시루

*입을 천 개나 가진 글자는?
　♪혀 설(舌) 자

*입이 넷 딸린 개(犬)는 무슨 글자냐?
　♪그릇 기(器) 자

*입이 열 넷 있는 글자는?
　♪그림 도(圖) 자

*입이 아홉인데, 하나는 다물고 있고 여덟은 늘 벌리고 있는 글자는?
　♪우물 정(井) 자

*입이 세 개 있는 글자는?
　♪품위 품(品) 자

*잎 끝에 꽃이 피는 것은?
　♪파

자기 것인데, 남이 더 많이 부르는

자기 것인데, 남이 더 많이 부르는

자기 것인데, 남이 더 많이 부르는

것은? 이름

것은? 이름

것은? 이름

자기들만이 옳다는 사람들만 사는

자기들만이 옳다는 사람들만 사는

자기들만이 옳다는 사람들만 사는

집은? 고집

자기 몸을 더럽히면서 남을 깨끗이

해주는 것은? 걸레

작아도 크다고 하는 나무는? 대나무

잘못했을 때 먹는 과일은? 사과

저축을 많이 하는 사람이 좋아하는

나무는? 은행나무

나무는? 은행나무
나무는? 은행나무

제자리에 있으면서도 늘 가고 있는

제자리에 있으면서도 늘 가고 있는
제자리에 있으면서도 늘 가고 있는

것은? 시계

것은? 시계
것은? 시계

졸려도 참고 밤늦게까지 윙크하는

것은? 신호등

죽은 것을 살았다고 하는 것은?

생선(生鮮)

중학생과 고등학생이 타는 차는?

중고차

쥐 4마리가 모여 있는 것을 부르는

말은? 쥐포

지붕 위에서 커다란 담배 피우는

것은? 굴뚝

것은? 굴뚝

것은? 굴뚝

짝지어 달려가서 색다른 것을 집어

짝지어 달려가서 색다른 것을 집어

짝지어 달려가서 색다른 것을 집어

오는 것은? 젓가락

오는 것은? 젓가락

오는 것은? 젓가락

* 자기가 말하고도 모르는 것은?
  ♪잠꼬대

* 자기 것인데, 남이 더 많이 부르는 것은?
  ♪이름

* 자기들만이 옳다는 사람들만 사는 집은?
  ♪고집

* 자기 몸을 더럽히면서 남을 깨끗이 해주는 것은?
  ♪걸레

* 자기의 살로 남의 실수를 덮어 주는 것은?
  ♪지우개

* 자기의 일을 하느라고 남을 두들기는 것은?
  ♪방망이

* 자기 전에 꼭 해야 하는 것은?
  ♪눈 감는 일

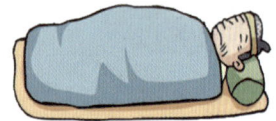

* 자기 집에서는 절대로 먹을 수 없는 점심은?
  ♪급식

* 자기 집을 등에 지고 돌아다니는 것은?
  ♪달팽이

* 자꾸 잘못했다고 비는 것은?
  ♪파리

* 자나깨나 이별을 원하는 사람은?
  ♪준장(별 하나)

* 자녀들이 기대하는 산은?
  ♪유산

* 자는 자인데 공부하는 자는?
  ♪학자

* 자는 자인데, 먹는 자는?
  ♪과자

* 자는 자인데, 나무에 열리는 자는?
  ♪탱자

* 자는 자인데 병원에서 많이 볼 수 있는 자는?
  ♪병자

* 자는 자인데, 볼 수 있는 자는?
  ♪눈동자

* 자는 자인데 사람들의 존경을 받는 자는?
  ♪공자, 맹자

* 자는 자인데 사람의 힘으로 바꿀 수 없는 자는?
  ♪팔자

* 자루는 자루인데, 물건을 담지 못하는 자루는?
  ♪빗자루

* 자리는 자리인데, 깔지 못하는 자리는?
  ♪꿈자리

* 자리는 자리인데, 앉을 수도 설 수도 없는 자리는?
  ♪고추잠자리

* 자신 없는 학생이 시험을 치른 후 기다리는 달은?
  ♪정원 미달

* 자신을 자동차로 우기는 곤충은?
  ♪바퀴벌레

* 자신이 가수 '비'라고 우기는 곤충은?
  ♪나비

* 자신이 오래 살고 있다고 착각하는 벌레는?
  ♪장수벌레

* 자신이 인간을 가두었다고 주장하는 곤충은?
  ♪모기(모기장에서 잠을 자니까)

* 자신이 인간을 재운다고 주장하는 곤충은?
  ♪잠자리

* 작고도 큰 것은?
  ♪소대(小大)가리

*작아도 크다고 하는 나무는?
♩대나무

*작은 것은 못 들어가고 큰 것은 들어가는 장은?
♩모기장

*잔등에 다리가 둘 있는 것은?
♩지게

*잘 때나 깨어 있을 때나 항상 하지 않으면 안 되는 것은?
♩숨쉬기

*잘못 짜면 코를 풀어 다시 짜야 하는 것은?
♩뜨개질

*잘못하면 만나는 동물은?
♩매

*잘못한 사람만 들어가는 문은?
♩반성문

*잘못했을 때 먹는 과일은?
♩사과

*장사꾼이 좋아하는 술은?
♩상술

*장에 가서 장을 사다 장에 넣는 것은?
♩시장에 가서 간장을 사다 찬장에 넣는 것

*장은 장인데, 못 먹는 장은?
♩구들장

*재수 없을 때 받는 수술은?
♩재수술

*잴 수는 없지만 뜰 수는 있는 자는?
♩국자

*언덕을 너머 저 절로 가는 것은?
♩스님

*저축을 많이 하는 사람이 좋아하는 나무는?
♩은행나무

*적에게 꽁무니를 보여야 이기는 것은?
♩달음박질

*전기가 나가면 집집마다 걸리는 비상은?
♩초 비상

*전(全)세계 어디서도 4개인 것은?
♩사방(四方)

*전쟁 중에 적에게 가장 받고 싶은 복은?
♩항복

*절대로 앞으로는 갈 수 없으면서도 사람들을 태우는 것은?
♩엘리베이터

*절은 절인데, 뒤로하는 절은?
♩기절

*절약 시대에 폭풍우보다 더 무서운 비는?
♩낭비

*젊어서는 까맣고 늙어서는 하얀 것은?
♩머리털, 수염

*젊어서는 약하고 늙을수록 튼튼해지는 것은?
♩대나무

*젊어서는 파란 옷을 입고 늙어서는 빨간 옷을 입는 것은?
♩대추, 고추, 감

*젊었을 때도 늙었다는 꽃은?
♩할미꽃

*젊을 때는 빨갛고 늙어서는 검은 것은?
♩오디(뽕나무 열매)

*정신병원에 가야 하는데도 치과에 가는 사람은?
♩이상한 사람

*정직한 사람들이 싫어하는 신은?
♩배신

*젖은 옷은 입고 마른 옷을

* 벗는 것은?
  ♪빨랫줄

* 제 몸의 천 배를 뛰는 것은?
  ♪벼룩

* 제자리에 있으면서도 늘 가고 있는 것은?
  ♪시계

* 제일 큰 문이면서도 작은 눈이라고 하는 것은?
  ♪소문

* 조그만 연못 속에 실뱀이 얽히고설킨 것은?
  ♪국수

* 조금 나와도 쑥 나왔다고 하는 것은?
  ♪쑥

* 조상 때부터 꼽추는?
  ♪새우

* 졸려도 참고 밤늦게까지 윙크하는 것은?
  ♪신호등

* 종이와 대가 만나 시원한 바람을 만드는 것은?
  ♪부채

* 종이 위에서 열심히 청소 하는데 자기는 점점 작아 지는 것은?

  ♪지우개

* 주걱은 주걱인데 밥을 푸지 못하는 것은?
  ♪주걱턱

* 주고도 가지고 있는 것은?
  ♪지식

* 주나 안 주나 입을 벌리고 있는 것은?
  ♪아궁이

* 주는 사람은 없는데도 받는 것은?
  ♪우산

* 주는 음식은 달지만 화나면 무서운 것은?
  ♪꿀벌

* 주머니 속에 넣을 수 있는 산은?
  ♪잡동산

* 주머니는 주머니인데 걸어다니는 주머니는?
  ♪아주머니

* 죽어 가면서도 춤추는 것은?
  ♪양초

* 죽어서야 받는 돈은?
  ♪조의금

* 죽었다 다시 한 번 살아나는 것은?
  ♪숯, 누에

* 죽은 것을 살았다고 하는 것은?
  ♪생선(生鮮)

* 죽은 나무가 서서 우는 것은?
  ♪전봇대

* 죽은 나무가 큰 칼 차고 소에게 끌려가는 것은?
  ♪쟁기

* 죽은 나무에 빨간 꽃이 핀 것은?
  ♪횃불

* 죽은 나무가 물 위를 달리는 것은?
  ♪목선(木船;배)

* 죽은 죽인데, 먹지 못하는 죽은?
  ♪방죽, 뒤죽박죽

* 죽을 때까지 무슨 일이 있어도 가야만 하는 것은?
  ♪시계

* 줄어들면서 느는 것은?
  ♪늙은이의 흰 머리

* 줄이 없으면 굶어 죽는 것은?
  ♪거미

* 중학생과 고등학생이 타는 차는?
  ♪중고차

* 쥐 4마리가 모여 있는 것을 부르는 말은?
  ♪쥐포

*지나갈 때는 못 가게 하고, 안 지나갈 때는 가게 하는 것은?
♪건널목 건너가는 것

*지나다닐 때는 내리고 안 지나다닐 때는 올리는 것은?
♪건널목에 있는 차단기

*지붕 위에서 커다란 담배 피우는 것은?
♪굴뚝

*지붕 하나에 기둥이 하나 있는 것은?
♪버섯, 우산

*직장에서 가장 무서운 상사는?
♪불상사

*진짜로 무게를 잡아야 하는 사람은?
♪역도 선수

*진짜 먹고 살기 힘든 사람은?
♪위장병 환자

*진짜 문제투성이인 것은?
♪시험지

*진짜 살 맛 난다고 얘기할 수 있는 사람은?
♪식인종

*진짜 새의 이름은?
♪참새

*짐을 져야 가고 안 지면 안 가는 것은?
♪신발

*집 안이 조용한 글자는?
♪아들 자(字) 자

*집에서 매일 먹는 약은?
♪치약

*집은 집인데, 잠을 잘 수 없는 집은?
♪고집

*집을 등에다 업고 다니는 것은?
♪달팽이

*집을 한 번 나오면 다시는 돌아갈 수 없는 것은?
♪치약

*집집마다 4개씩 있는데 온 세계를 통틀어도 4개밖에 없는 것은?
♪동서남북

*집집마다 있어야 하는 소는?
♪변소

*짜고 달고 쓰는 것은?
♪문짝

*짝이 없으면 소용없는 것은?
♪젓가락

*짝지어 달려가서 색다른 것을 집어 오는 것은?
♪젓가락

*쫓겨 가야 이기는 것은?
♪달리기

*쫓아다니지 말라고 아무리 사정해도 쫓아다니는 것은?
♪그림자

*찢어야만 볼 수 있는 것은?
♪편지

차 위에 모자를 쓴 것은? 택시

창으로 찌르려고 할 때 알려 주는

말은? 창 피해!

처음 만난 소가 하는 말은? 반갑소

처음 만난 소가 하는 말은? 반갑소

처음 만난 소가 하는 말은? 반갑소

천하 장사라도 들 수 없는 작은 풀

천하 장사라도 들 수 없는 작은 풀

천하 장사라도 들 수 없는 작은 풀

은? 졸릴 때의 눈꺼풀

은? 졸릴 때의 눈꺼풀

은? 졸릴 때의 눈꺼풀

처음에는 네 발로 걷고, 그 다음에

는 두 발로 걷고, 마지막에는 세 발

로 걷는 것은? 사람

초등 학생이 가장 좋아하는 동네

는? 방학동

춰도 춰도 이상한 춤은? 엉거주춤

* 차 위에 모자를 쓴 것은?
♪택시

* 차는 차인데 먹지 못하는 차는?
♪마차

* 차는 차인데 타지 못하는 차는?
♪설록차, 인삼차

* 차도가 없는 나라는?
♪인도

* 차면 기울어지고 기울어지면 다시 차는 것은?
♪달

* 차면 짧고 더우면 긴 것은?
♪낮

* 차면 찰수록 환하게 웃는 것은?
♪달

* 차지 못하는 주머니는?
♪아주머니

* 참새들이 무서워하는 비는?
♪허수아비

* 창으로 찌르려고 할 때 알려 주는 말은?
♪창 피해!

* 창은 창인데, 냄새나고 지저분한 창은?
♪시궁창

* 창피한 것도 모르고 체면도 없는 사람의 나이는?
♪넉살

* 채찍을 좋아하는 것은?
♪팽이

* 찾아오는 등산객이 별로 없어도 항상 많다고 하는 산은?
♪마니산

* 책은 책인데, 가만히 앉아서는 못 읽는 책은?
♪산책

* 책은 책인데, 읽을 수 없는 책은?
♪주책

* 처녀가 타면 안 되는 차는?
♪아벨라

* 처녀들에게 시집을 구해 주는 사람은?
♪중매쟁이

* 처는 처인데, 남편이 없는 처는?
♪부처

* 처음 만나는 소가 하는 말은?
♪반갑소

* 처음에는 가죽 벗기고 다음에는 털 뽑고 살은 다 발라먹고 뼈는 버리는 것은?
♪옥수수

* 처음에는 까맣다가 다음에는 빨개지고, 나중에는 하얗게 되는 것은?
♪숯

* 처음에는 네 발로 걷고, 그 다음에는 두 발로 걷고, 마지막에는 세 발로 걷는 것은?
♪사람

* 천 냥 빚을 말로 갚은 사람은?
♪말 장수

* 천 리를 하루 만에 갔다왔는데 왜 힘들지 않을까?
♪꿈이어서

* 천자문의 첫 글자와 둘째 글자의 차이는?
♪천지 차이

* 천하 만고(天下萬古)에 기운 센 것은?
♪흐르는 물

* 천하에 귀 하나 가진 것은?
♪바늘

*천하에서 가장 긴 것은?
♪비〔雨〕

*천하에 제일 서러운 것은?
♪눈에 고춧가루가 들었을 때

*천하장사라도 들 수 없는 작은 풀은?
♪졸릴 때의 눈꺼풀

*철도가 있는데 기차가 못 가는 것은?
♪지도

*청소를 많이 할수록 작아지는 것은?
♪지우개

*청소하는 여자를 세자로 줄이면?
♪청소년

*체는 체인데, 칠 수도 없으면서 밉살맞게 구는 것은?
♪아는 체

*초등학생이 가장 좋아하는 동네는?
♪방학동

*초록이 안에 하양이, 하양이 안에 빨강이, 빨강이 안에 주근깨는?
♪수박

*초 하나를 두 개라고 하는 것은?
♪양초

*촌(村) 가운데 팥 있는 글자는?
♪나무 수(樹) 자

*총 쏠 때 왜 눈을 한 쪽만 감나?
♪두 눈을 다 감으면 안 보이니까

*총은 총인데 받으면 기분 나쁜 총은?
♪눈총

*총은 총인데, 쏠 수 없는 총은?
♪말총

*추우면 벗고 더우면 입는 것은?
♪나무

*추우면 짧아지고 더우면 길어지는 것은?
♪낮

*추운 겨울날 미니스커트를 입고 다니는 여자는?
♪철없는 여자

*추운 겨울에 가장 많이 찾는 끈은?
♪따끈따끈

*추울 때는 늘어나고, 더울 때는 줄어드는 것은?
♪고드름

*추울 때 많이 찧는 방아는?
♪엉덩방아

*추워질수록 두터워지는 것은?
♪옷

*추위에 강하고, 더위에는 약한 사람은?
♪눈사람

*춤을 추면서 뽑아 내야 잘 뽑아지는 실은?
♪덩실덩실

*춰도 춰도 이상한 춤은?
♪엉거주춤

*친구들과 술집에 가서 술값 안 내려고 추는 춤은?
♪주춤주춤

*칠수록 생기가 넘치는 것은?
♪팽이

*침대 위에 누워서 하는 가장 고귀한 행위는?
♪헌혈

*침은 침인데, 모두가 피하는 침은?
♪가래침

칼 위에 구두 신는 것은? 스케이트

칼 위에 구두 신는 것은? 스케이트
칼 위에 구두 신는 것은? 스케이트

칼로 베면 벤 사람의 눈에 눈물 나

칼로 베면 벤 사람의 눈에 눈물 나
칼로 베면 벤 사람의 눈에 눈물 나

게 하는 것은? 양파

게 하는 것은? 양파
게 하는 것은? 양파

칼은 칼인데 자르지 못하는 칼은?

머리칼

코를 가장 잘 푸는 러시아 사람은?

차이코프스키

콩 중에서 제일 큰 콩은? 홍콩

키 크고 속 빈 것은? 대나무

*칼 위에 구두 신는 것은?
♪스케이트

*칼로 베면 벤 사람의 눈에 눈물 나게 하는 것은?
♪양파

*칼로 아무리 두들겨도 얌전히 있는 것은?
♪도마

*칼은 칼인데 자르지 못하는 칼은?
♪머리칼

*칼을 들고 설쳐야 돈을 버는 사람은?
♪면도사

*커질수록 값이 깎이는 것은?
♪물건의 흠

*컬러 사진을 찍었는데도 흑백 사진으로 나오는 것은?
♪펭귄

*코는 코인데, 냄새를 못 맡는 코는?
♪버선코

*코를 가장 잘 푸는 러시아 사람은?
♪차이코프스키

*코미디언들이 잘 걸리는 병은?
♪요절복통

*콩 중에서 제일 큰 콩은?
♪홍콩

*콩은 콩인데, 못 먹는 콩은?
♪베트콩

*크게 나도 작다고 하는 문은?
♪소문

*크면 클수록 땅과 가까워지는 것은?
♪고드름

*크면 클수록 사는 사람의 기분이 좋지 않은 것은?
♪도넛의 구멍

*큰 바위에 구멍이 두 개 있는 것은?
♪코

*키 크고 속 빈 것은?
♪대나무

타야 보이는 것은? 연기

타야 보이는 것은? 연기

타야 보이는 것은? 연기

터지면 터질수록 나쁜 것은?

터지면 터질수록 나쁜 것은?

터지면 터질수록 나쁜 것은?

사고, 전쟁

사고, 전쟁

사고, 전쟁

톱은 톱인데, 썰지 못하는 톱은?

손톱, 발톱

통은 통인데, 사람들이 누구나 갖

기를 바라는 통은? 운수대통

기를 바라는 통은? 운수대통
기를 바라는 통은? 운수대통

통은 통인데, 사람들이 모두 싫어

통은 통인데, 사람들이 모두 싫어
통은 통인데, 사람들이 모두 싫어

하는 통은? 고통

하는 통은? 고통
하는 통은? 고통

타

*타면 탈수록 더 떨리는 것은?
♪추위

*타야 보이는 것은?
♪연기

*타이타닉의 구명보트에는 몇 명이 탈수 있을까?
♪9명

*탈수록 많아지는 것은?
♪재

*탈은 탈인데, 얼굴에 쓸 수 없는 탈은?
♪배탈

*탈이 없으면 절대로 할 수 없는 일은?
♪탈춤

*태어나면서부터 노인인 것은?
♪옥수수

*태어나서 꼭 한 번 먹고 입을 봉해 버리는 것은?
♪편지 봉투

*태어나서 죽을 때까지 눈물만 흘리는 것은?
♪촛불

*터지면 터질수록 나쁜 것은?
♪사고, 전쟁

*터지면 터질수록 좋은 것은?
♪복

*털이 등에 나지 않고 배에 난 것은?
♪구둣솔

*토끼들이 제일 잘 하는 것은 무엇일까요?
♪토끼기

*톱은 톱인데, 썰지 못하는 톱은?
♪손톱, 발톱

*톱 중에서 가장 큰 톱은?
♪모래톱

*통은 통인데, 사람들이 누구나 갖기를 바라는 통은?
♪운수대통

*통은 통인데, 사람들이 모두 싫어하는 통은?
♪고통

*통은 통인데, 심술궂은 사람들에게만 있는 통은?
♪심통

*통은 통인데 물건을 담을 수 없는 통은?
♪오동통

파란 집에 살다가 노란 집이 되면

파란 집에 살다가 노란 집이 되면
파란 집에 살다가 노란 집이 되면

뛰쳐나오는 것은? 콩

뛰쳐나오는 것은? 콩
뛰쳐나오는 것은? 콩

파란 풀밭에 까만 콩을 뿌리며 가

파란 풀밭에 까만 콩을 뿌리며 가
파란 풀밭에 까만 콩을 뿌리며 가

는 것은? 엄소

펭귄이 다니는 고등 학교는?

냉장고

펴면 집이 되고 접으면 지팡이가

되는 것은? 우산

평생 꾸어 주기만 하고 돌려받지는

못하는 것은? 방귀

풀 수는 있는데 감을 수는 없는 것은? 콧물

* 파는 파인데, 못 먹는 파는?
  ♪ 노파, 전파

* 파란 집에 살다가 노란 집이 되면 뛰쳐나오는 것은?
  ♪ 콩

* 파란 풀밭에 까만 콩을 뿌리며 가는 것은?
  ♪ 염소

* 파리가 있어야 먹고 사는 사람은?
  ♪ 파리약 장수

* 파리들이 앉기를 싫어하는 장소는?
  ♪ 대머리

* 파리 중에 가장 무거운 파리는?
  ♪ 돌파리

* 파리 중에 날지 못하는 파리는?
  ♪ 파리(프랑스)

* 팔다리 없이 모자만 쓰고 있는 것은?
  ♪ 도토리

* 팔월에 제 아비가 말을 탄 글자는?
  ♪ 달릴 등(騰) 자

* 팔은 팔인데, 물건을 들지 못하는 팔은?
  ♪ 나팔

* 패 중에서 가장 나쁜 패는?
  ♪ 깡패

* 팽이는 팽이인데, 때리면 죽는 팽이는?
  ♪ 달팽이

* 펭귄이 다니는 고등 학교는?
  ♪ 냉장고

* 펴면 집이 되고 접으면 지팡이가 되는 것은?
  ♪ 우산

* 편은 편인데, 먹지 못하는 편은?
  ♪ 남편

* 평생 꾸어 주기만 하고 돌려받지는 못하는 것은?
  ♪ 방귀

* 포는 포인데, 겁쟁이들만 먹는 포는?
  ♪ 공포

* 풀리면 풀릴수록 좋은 것은?
  ♪ 피로

* 풀 수는 있는데 감을 수는 없는 것은?
  ♪ 콧물

* 프랑스에 단 두 대밖에 없는 사형 기구는?
  ♪ 단두대

* 프랑스에서 제일가는 불효자는?
  ♪ 에밀 졸라

* 피곤해야 만들 수 있는 반찬은?
  ♪ 파김치

* 피는 피인데, 입고 다니는 피는?
  ♪ 모피

* 피는 피인데 흐르지 않는 피는?
  ♪ 창피

하늘과 땅 사이에 있는 것은? '과'

하늘과 땅 속에서 서로 끌어당기는

것은? 나무

하늘에 사는 네 마리 개는?

무지개, 솔개, 번개, 안개

하늘에서 그물질을 해 고기를 낚는

것은? 거미

하늘에서 똥을 싸는데 밤에만 보이

는 것은? 별똥

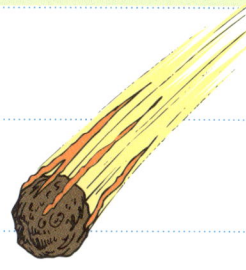

하늘을 향해 방귀 뀌는 것은? 굴뚝

하늘을 향해 방귀 뀌는 것은? 굴뚝

하늘을 향해 방귀 뀌는 것은? 굴뚝

하루만 지나도 헌 것이 되는 것은?

하루만 지나도 헌 것이 되는 것은?

하루만 지나도 헌 것이 되는 것은?

신문

신문

신문

하루 종일 두 팔로 세수하는 것은?

하루 종일 두 팔로 세수하는 것은?

하루 종일 두 팔로 세수하는 것은?

시계

시계

시계

하루 종일 함께 다니다가 집에 오

하루 종일 함께 다니다가 집에 오

하루 종일 함께 다니다가 집에 오

면 헤어지는 것은? 신발

하면 할수록 늘어나는 것은? 저금

할아버지가 제일 좋아하는 돈은?

할머니

햇볕만 쬐면 죽는 사람은? 눈사람

흰 돌 위에 풀이 돋은 것은? 무

* 하나로 수만 가지 소리가 나는 것은?
  ♪라디오, 전축

* 하나로 잡을 수 없고 두 개로 잡을 수 있는 것은?
  ♪젓가락

* 하나에 달이 열둘 있는 것은?
  ♪달력

* 하나에 하나를 더하나 둘에 둘을 더하나 하나가 되는 것은?
  ♪물방울

* 하나에서 하나를 빼니 둘이 되는 것은?
  ♪칼집과 칼

* 하늘 보고 웃는 것은?
  ♪알밤 벌어지는 것

* 하늘 보고 입 벌린 것은?
  ♪절구

* 하늘, 땅, 바다에 있는 물은?
  ♪하늘에 동물, 땅에 식물, 바다에 해물

* 하늘과 땅 사이에 있는 것은?
  ♪'과'

* 하늘보다 더 높은 것은?
  ♪지아비 부(夫; 하늘을 꿰뚫었으니까)

* 하늘에 그림 그리는 것은?
  ♪구름

* 하늘에 사는 네 마리 개는?
  ♪무지개, 솔개, 번개, 안개

* 하늘에서 그물질을 해 고기를 낚는 것은?
  ♪거미

* 하늘에서 글자 공부를 하는 새는?
  ♪기러기

* 하늘에서 내려온 박은?
  ♪우박

* 하늘과 땅 속에서 서로 끌어당기는 것은?
  ♪나무

* 하늘에서 똥을 싸는데 밤에만 보이는 것은?
  ♪별똥

* 하늘에서 소리없이 흘러 다니는 것은?
  ♪구름

* 하늘을 향해 방귀 뀌는 것은?
  ♪굴뚝

* 하늘을 향해 입을 벌리고 있는 것은?
  ♪항아리, 독

* 하루를 살다 죽어도 만 살이나 먹는 것은?
  ♪만년필

* 하루만 지나도 헌 것이 되는 것은?
  ♪신문

* 하루에 얼굴을 스물네 번이나 씻는 것은?
  ♪시계의 분침

* 하루에도 수없이 입을 맞추는 것은?
  ♪숟가락

* 하루에 1원씩 곗돈을 부었는데 1년이 되면 1억이 되는 계는?
  ♪황당무계

* 하루 종일 걸어도 오 리밖에 못 가는 것은?
  ♪오리

* 하루 종일 두 팔로 세수하는 것은?
  ♪시계

* 하늘 보고 도리질하는 것

은?
♪매

*하늘에다 주먹질하는 것은?
♪절굿공이

*하늘에서 내려오는 박은?
♪우박

*하늘에서 연기도 없이 타는 것은?
♪저녁놀

*하루 종일 함께 다니다가 집에 오면 헤어지는 것은?
♪신발

*하면 할수록 늘어나는 것은?
♪저금

*학은 학인데, 날지 못하는 학은?
♪수학, 과학, 문학

*학은 왜 한쪽 다리를 들고 서 있을까?
♪두 다리를 다 들면 쓰러지니까

*한 가지 물건인데 차갑고도 뜨거운 것은?
♪한란계

*한 고개, 두 고개, 세 고개 넘어 바둑돌 하나가 있는 것은?
♪손톱

*한 달에 한 번, 배가 불룩해지는 것은?
♪달

*한 말들이 꽃은?
♪백합(百合;백홉)

*한 번도 새 옷을 입어 보지 못한 사람은?
♪허수아비

*한 번 때리면 줍지 못하는 것은?
♪말〔言〕

*한 주일마다 꼭 한 번씩 빼놓지 않고 빨간 옷 입고 나서는 것은?
♪달력

*한 사람만 들어가도 만원이 되는 곳은?
♪변소

*한 손으로 차를 세울 수 있는 사람은?
♪교통순경

*한 시간에 겨우 한 걸음씩 밖에 움직이지 않는 느림보는?
♪시계의 짧은 바늘

*한여름에 생선장수들이 가장 많이 하는 사냥은?
♪파리 사냥

*한 자 반 되는 콩은?
♪콩자반

*한 쪽 손에만 큰 장갑을 낀 사람은?
♪야구 선수

*한 형제인데, 맞으면 서로 다른 소리를 내는 것은?
♪실로폰

*할 때는 올라가고 안 할 때는 내려오는 것은?
♪무대의 막

*할수록 많아지는 것은?
♪저금

*할아버지가 제일 좋아하는 돈은?
♪할머니

*항상 머리에 줄을 매고 서 있는 것은?
♪전봇대

*항상 아래로 가는데 언제나 위로 간다고 말하는 것은?
♪음식물

*항상 제일 높은 곳에 올라가 있는 것은?
♪모자

*해가 지면 피고, 해가 뜨면 지는 꽃은?
♪달맞이꽃

*해는 해인데, 가장 똑똑한 해는?

177

♪지혜

*해를 원수처럼 미워하는 사람은?
♪눈사람

*해와 달이 한꺼번에 나오는 날은?
♪명일(明日)

*해와 달이 씨름을 하는 글자는?
♪밝을 명(明)

*해의 오빠는 누구인가?
♪해오라비

*해장국을 끓일 때에 꼭 필요해 찾게 되는 거지는?
♪우거지

*해만 보면 눈물을 흘리는 것은?
♪얼음

*햇볕만 쬐면 죽는 사람은?
♪눈사람

*허수아비 아들의 이름은?
♪허수

*허풍쟁이들만 모이는 거리는?
♪자랑거리

*헌법을 아무리 뜯어 고쳐도 왜 새 법이 안 될까?
♪헌 법이니까

*헌 병이 가장 무서워하는 사람은?
♪고물 장수

*현역 군인이 가장 좋아하는 대학은?
♪제대(제주대학)

*형제가 싸우는데 주위사람이 동생 편만 들어주면 어떤 싸움이 될까?
♪형편없는 싸움

*호랑이에게 덤벼드는 용감한 개 이름은?
♪하룻강아지

*호주의 떡은?
♪호떡

*호주의 돈은?
♪호주 머니(money)

*호주의 술은?
♪호주

*화장실에 사는 새는?
♪똥냄새

*화장실을 지키는 두 마리 용은?
♪신사용, 숙녀용

*확 불면 대머리가 되는 것은?
♪민들레

*활을 잘 쏘는 사람이 잘 먹는 약은?
♪활명수

*훔치면 훔칠수록 더러워지는 것은?
♪행주

*흰 돌 위에 풀이 돋은 것은?
♪무

*흰 옷 입고 끓는 기름에 다이빙하는 것은?
♪튀김

*흰 천을 땅 위에 깔았다가 봄에 거둬가는 것은?
♪눈〔雪〕

고사 성어 한자·한글 쓰기

刻舟求劍
새길 배 구할 칼
각 주 구 검

필순
刻刻刻刻刻刻刻刻
舟舟舟舟舟舟
求求求求求求求
劍劍劍劍劍劍劍劍劍

뜻 시대나 상황의 변화를 모르는 어리석고 미련하여 융통성이 없음을 이르는 말.

刻舟求劍

刻舟求劍

刻舟求劍

각주구검

각주구검

각주구검

甘言利說
달 말씀 이로울 말씀
감 언 리 설

필순
甘甘甘甘甘
言言言言言言言
利利利利利利利
說說說說說說說說說

뜻 남의 비위를 맞추는 달콤한 말과 이로운 조건만 내세워 그럴듯하게 꾸미는 말.

甘言利說

甘言利說

甘言利說

감언이설

감언이설

감언이설

甘吞苦吐
달 삼킬 쓸 토할
감 탄 고 토

필순
甘甘甘甘甘
吞吞吞吞吞吞吞
苦苦苦苦苦苦苦苦
吐吐吐吐吐吐

뜻 '달면 삼키고 쓰면 뱉는다'는 뜻으로 옳고 그름을 돌보지 않고, 자기 비위에 맞으면 취하고 싫으면 버린다는 말.

甘吞苦吐

甘吞苦吐

甘吞苦吐

감탄고토

감탄고토

감탄고토

甲論乙駁

첫째 천간 논의할 둘째 천간 논박할
갑 론 을 박

필순
甲甲甲甲甲
論論論論論論論論論
乙
駁駁駁駁駁駁駁駁駁

뜻 '갑이 논하면 을이 논박(論駁)한다'는 뜻으로, 서로 논란(論難)하고 반박(反駁)함을 이르는 말.

改過遷善

고칠 허물 옮길 착할
개 과 천 선

필순
改改改改改改改
過過過過過過過過過
遷遷遷遷遷遷遷遷遷
善善善善善善善善善

뜻 허물을 고쳐 착하게 바뀐다는 뜻으로, 잘못을 고치어 착하게 됨.

隔世之感

떨어질 세대 어조사 느낄
격 세 지 감

필순
隔隔隔隔隔隔隔隔隔
世世世世世
之之之
感感感感感感感感

뜻 아주 바뀌어 딴 세상(世上), 또는 딴 세대(世代)와 같이 많은 변화(變化)가 있었음을 비유하는 말.

甲論乙駁
甲論乙駁
甲論乙駁

改過遷善
改過遷善
改過遷善

隔世之感
隔世之感
隔世之感

갑론을박
갑론을박
갑론을박

개과천선
개과천선
개과천선

격세지감
격세지감
격세지감

● 고사 성어 한자 · 한글 쓰기

犬馬之勞

개	말	어조사	수고로울
견	마	지	로

필순
犬 犬 犬 犬
馬 馬 馬 馬 馬 馬 馬 馬 馬 馬
之 之 之
勞 勞 勞 勞 勞 勞 勞 勞 勞 勞

뜻 ①임금이나 나라에 정성껏 충성을 다함. ②윗사람에게 대하여 '자기의 노력'을 겸손하게 이르는 말.

犬馬之勞

견마지로

見物生心

볼	물건	날	마음
견	물	생	심

필순
見 見 見 見 見 見 見
物 物 物 物 物 物 物 物
生 生 生 生 生
心 心 心 心

뜻 실물을 보면 그것을 가지고 싶은 욕심이 생김.

見物生心

견물생심

苦肉之策

괴로울	고기	어조사	꾀
고	육	지	책

필순
苦 苦 苦 苦 苦 苦 苦 苦
肉 肉 肉 肉 肉 肉
之 之 之
策 策 策 策 策 策 策 策 策 策

뜻 적을 속이기 위하여, 자신의 희생을 무릅쓰고 꾸미는 계책.

苦肉之策

고육지책

固執不通

굳을	잡을	아니	통할
고	집	불	통

필순
固固固固固固固固
執執執執執執執執執
不不不不
通通通通通通通通

뜻 고집이 세어 조금도 변통성이 없음, 또는 그 사람.

固執不通

固執不通

固執不通

고집불통

고집불통

고집불통

高枕安眠

높을	베개	편안할	잠잘
고	침	안	면

필순
高高高高高高高高高高
枕枕枕枕枕枕枕枕枕
安安安安安安
眠眠眠眠眠眠眠眠眠眠

뜻 '베개를 높이 하여 편히 잘 잔다'는 뜻으로, 마음이 한가하고 여유가 있어 근심이 없는 상태를 이르는 말.

高枕安眠

高枕安眠

高枕安眠

고침안면

고침안면

고침안면

骨肉相爭

뼈	고기	서로	다툴
골	육	상	쟁

필순
骨骨骨骨骨骨骨骨骨
肉肉肉肉肉肉
相相相相相相相相相
爭爭爭爭爭爭爭

뜻 형제자매는 한 부모의 피를 물려받고 태어났으므로 骨肉이라고 한다. 즉, 가까운 혈족끼리 서로 싸움.

骨肉相爭

骨肉相爭

骨肉相爭

골육상쟁

골육상쟁

골육상쟁

고사 성어 한자·한글 쓰기

空中樓閣
하늘 공 / 가운데 중 / 다락 루 / 누각 각
공중누각

필순: 空空空空空空空空 / 中中中中 / 樓樓樓樓樓樓樓樓樓樓 / 閣閣閣閣閣閣閣閣閣閣

뜻) 진실성이나 현실성이 없는 일이나 허무하게 사라지는 근거 없는 가공의 사물을 이르는 말.

空中樓閣
空中樓閣
空中樓閣

공중누각
공중누각
공중누각

過猶不及
지나칠 과 / 같을 유 / 아니 불 / 미칠 급
과유불급

필순: 過過過過過過過過過 / 猶猶猶猶猶猶猶猶 / 不不不不 / 及及及及

뜻) '정도를 지나침은 미치지 못하는 것과 같다'는 뜻으로, 중용(中庸)이 중요함을 이르는 말.

過猶不及
過猶不及
過猶不及

과유불급
과유불급
과유불급

管鮑之交
붓대 관 / 절인 어물 포 / 어조사 지 / 사귈 교
관포지교

필순: 管管管管管管管管管管 / 鮑鮑鮑鮑鮑鮑鮑鮑鮑 / 之之之 / 交交交交交交

뜻) 시세(時勢)를 떠나 친구를 위하는 두터운 우정을 이르는 말.

管鮑之交
管鮑之交
管鮑之交

관포지교
관포지교
관포지교

刮目相對

비빌	눈	서로	대할
괄	목	상	대

필순
刮刮刮刮刮刮刮
目目目目目
相相相相相相相相
對對對對對對對對

뜻 남의 학식이나 재주가 놀랍도록 향상된 경우에 이를 놀라워하는 뜻으로 쓰여, 눈을 비비고 다시 본다는 말.

刮目相對

괄목상대

矯角殺牛

바로잡을	뿔	죽일	소
교	각	살	우

필순
矯矯矯矯矯矯矯矯
角角角角角角
殺殺殺殺殺殺殺殺殺
牛牛牛牛

뜻 '소의 뿔 모양을 바로잡으려다가 소를 죽인다'는 뜻으로, 결점이나 흠을 고치려다 도리어 일을 그르침.

矯角殺牛

교각살우

巧言令色

교모할	말씀	예쁠	얼굴빛
교	언	령	색

필순
巧巧巧巧巧
言言言言言言言
令令令令令
色色色色色色

뜻 남의 환심을 사기 위해 아첨하는 교묘한 말과 보기 좋게 꾸미는 표정을 이르는 말.

巧言令色

교언영색

고사 성어 한자·한글 쓰기

群鷄一鶴
무리	닭	한	학
군	계	일	학

필순: 群群群群群群群群 / 鷄鷄鷄鷄鷄鷄鷄鷄 / 一 / 鶴鶴鶴鶴鶴鶴鶴鶴

뜻: '닭의 무리 속에 끼여 있는 한 마리의 학'이란 뜻으로, 여러 평범한 사람들 가운데 뛰어난 한 사람을 이르는 말.

群鷄一鶴

군계일학

捲土重來
말	흙	다시	올
권	토	중	래

필순: 捲捲捲捲捲捲捲捲 / 土土土 / 重重重重重重重重 / 來來來來來來來來

뜻: ①한번 싸움에 패하였다가 다시 힘을 길러 쳐들어오는 일. ②어떤 일에 실패한 뒤 힘을 가다듬어 다시 시작함.

捲土重來

권토중래

近墨者黑
가까울	먹	사람	검을
근	묵	자	흑

필순: 近近近近近近近近 / 墨墨墨墨墨墨墨墨墨 / 者者者者者者者者 / 黑黑黑黑黑黑黑黑黑黑

뜻: 먹을 가까이하면 검은 사람이 된다는 뜻으로, 나쁜 사람과 가까이하면 물들기 쉬움을 이르는 말.

近墨者黑

근묵자흑

錦上添花

비단	위	더할	꽃
금	상	첨	화

필순: 錦錦錦錦錦錦錦錦錦 上上上 添添添添添添添添添添 花花花花花花花

뜻: 비단 위에 꽃을 더한다는 말로, 좋은 것 위에 더욱 좋은 것을 더한다는 뜻.

錦上添花

錦上添花

錦上添花

금상첨화

금상첨화

금상첨화

起死回生

일어날	죽을	돌아올	살
기	사	회	생

필순: 起起起起起起起起起 死死死死死死 回回回回回回 生生生生生

뜻: '죽은 사람을 일으켜 다시 살린다'는 뜻으로, 죽음에 임박한 사람을 다시 살려내는 것을 말한다.

起死回生

起死回生

起死回生

기사회생

기사회생

기사회생

落花流水

떨어질	꽃	흐를	물
락	화	류	수

필순: 落落落落落落落落落 花花花花花花花花 流流流流流流流流流 水水水水

뜻: '떨어지는 꽃과 흐르는 물'이라는 뜻으로 가는 봄의 정경을 나타내는 말.

落花流水

落花流水

落花流水

낙화유수

낙화유수

낙화유수

고사 성어 한자·한글 쓰기

老馬之智
늙을	말	어조사	지혜
로	마	지	지

필순
老老老老老老
馬馬馬馬馬馬馬馬馬
之之之
智智智智智智智智智

뜻 늙은 말의 지혜란 뜻으로, 아무리 하찮은 것일지라도 저마다 장기나 장점을 지니고 있음을 이르는 말.

老馬之智

노마지지

勞心焦思
수고할	마음	태울	생각
로	심	초	사

필순
勞勞勞勞勞勞勞勞勞勞
心心心心
焦焦焦焦焦焦焦焦焦焦
思思思思思思思思

뜻 마음을 수고롭게 하고 생각을 너무 깊게 함. 애쓰면서 속을 태움.

勞心焦思

노심초사

多多益善
많을	많을	더욱	좋을
다	다	익	선

필순
多多多多多多
多多多多多多
益益益益益益益益益
善善善善善善善善善善

뜻 많으면 많을수록 더욱 좋다는 말로, 양이나 수가 많으면 많을수록 좋다는 뜻.

多多益善

다다익선

單刀直入
- 하나 칼 곧바로 들어갈
- 단 도 직 입

필순
單單單單單單單單單單單
刀刀
直直直直直直直直
入入

뜻 문장이나 언론의 너절한 허두를 빼고 바로 그 요점(要點)으로 풀이하여 들어감.

單刀直入
單刀直入
單刀直入

단도직입
단도직입
단도직입

大器晚成
- 큰 그릇 늦을 이룰
- 대 기 만 성

필순
大大大
器器器器器器器器器
晚晚晚晚晚晚晚晚晚晚
成成成成成成成

뜻 '큰 그릇은 늦게 만들어진다'는 뜻으로, 크게 될 사람은 늦게 이루어짐을 이르는 말.

大器晚成
大器晚成
大器晚成

대기만성
대기만성
대기만성

大同小異
- 큰 같을 작을 다를
- 대 동 소 이

필순
大大大
同同同同同同
小小小
異異異異異異異異異異

뜻 크게 보면 같고 작게 보면 다르다는 뜻으로, 조금 다른 데도 있으나 전체적으로는 거의 같음.

大同小異
大同小異
大同小異

대동소이
대동소이
대동소이

고사 성어 한자·한글 쓰기

獨不將軍
홀로 아닐 장수 군사
독 불(부) 장 군

필순
獨獨獨獨獨獨獨獨
不不不不
將將將將將將將將將
軍軍軍軍軍軍軍軍

뜻 '혼자서는 장군을 못한다'는 뜻으로, 남의 의견을 무시하고 혼자 모든 일을 처리하는 사람을 비유하는 말.

獨不將軍

독불장군

同病相憐
같을 병들 서로 불쌍히 여길
동 병 상 련

필순
同同同同同同
病病病病病病病病病病
相相相相相相相相相
憐憐憐憐憐憐憐憐憐

뜻 '같은 병을 앓는 사람끼리 서로 가엾게 여긴다'는 뜻으로, 어려운 처지에 있는 사람끼리 서로 돕는다는 말.

同病相憐

동병상련

同床異夢
같을 평상 다를 꿈
동 상 이 몽

필순
同同同同同同
床床床床床床床
異異異異異異異異異異
夢夢夢夢夢夢夢夢夢

뜻 같은 자리에서 자면서 꿈을 다르게 꾼다는 뜻으로, 겉으로는 같이 행동하면서도 속으로는 각각 다른 생각을 함.

同床異夢

동상이몽

杜門不出	燈下不明	燈火可親
잠글 문 아닐 날 두 문 불(부) 출	등불 아래 아닐 밝을 등 하 불(부) 명	등불 불 가능할 친할 등 화 가 친

필순
杜杜杜杜杜杜杜
門門門門門門門
不不不不
出出出出出

필순
燈燈燈燈燈燈燈燈燈
下下下
不不不不
明明明明明明明明

필순
燈燈燈燈燈燈燈燈
火火火火
可可可可可
親親親親親親親親親

뜻 고려의 충신들이 두문동에서 밖으로 나오지 않았다는 말로, 집 안에만 틀어박혀 밖에 나가지 않는다는 뜻.

뜻 '등잔 밑〔燈下〕이 어둡다〔不明〕'는 뜻으로, 가까운 데 생긴 일을 먼 데 일보다 더 모른다는 비유.

뜻 가을엔 서늘하므로 밤에 등불을 가까이 하여 글 읽기에 좋음. 가을밤은 등불을 가까이 하여 글 읽기에 좋다는 말.

杜門不出　燈下不明　燈火可親

두문불출　등하불명　등화가친

● 고사 성어 한자·한글 쓰기

馬耳東風
말 귀 동녘 바람
마 이 동 풍

필순 馬馬馬馬馬馬馬馬
耳耳耳耳耳耳
東東東東東東東東
風風風風風風風風

뜻 '말의 귀에 동풍이 불어도 알지 못한다'는 뜻으로, 남의 의견이나 충고의 말을 귀담아 듣지 않고 흘려 버림.

馬耳東風

馬耳東風

馬耳東風

마이동풍

마이동풍

마이동풍

名實相符
이름 실제 서로 맞을
명 실 상 부

필순 名名名名名名
實實實實實實實實實實
相相相相相相相相相
符符符符符符符符符

뜻 명성만큼이나 내실도 있어서 모두 제대로 들어맞는다는 말로, 이름과 실상이 서로 부합(符合)됨. 명실이 들어맞음.

名實相符

名實相符

名實相符

명실상부

명실상부

명실상부

武陵桃源
호반 언덕 복숭아 근원
무 릉 도 원

필순 武武武武武武武
陵陵陵陵陵陵陵陵陵
桃桃桃桃桃桃桃桃桃
源源源源源源源源源

뜻 '武陵 지방에 있는 복숭아꽃의 근원지'라는 뜻으로, 속세와 완전히 떨어진 별천지를 이르는 말.

武陵桃源

武陵桃源

武陵桃源

무릉도원

무릉도원

무릉도원

聞一知十

들을	한	알	열
문	일	지	십

필순 聞聞聞聞聞聞聞聞聞聞
一
知知知知知知知知
十十

뜻 '하나를 들으면 열을 안다'는 뜻으로, 머리가 매우 좋음을 이르는 말.

聞一知十

聞一知十

聞一知十

문일지십

문일지십

문일지십

門前成市

문	앞	이룰	시장
문	전	성	시

필순 門門門門門門門門
前前前前前前前前
成成成成成成成
市市市市市

뜻 권세가나 부잣집에 방문객이 많거나, 상점 등에 손님이 많아 문 앞이 방문객으로 시장처럼 붐빈다는 말.

門前成市

門前成市

門前成市

문전성시

문전성시

문전성시

物外閑人

만물	바깥	한가할	사람
물	외	한	인

필순 物物物物物物物
外外外外外
閑閑閑閑閑閑閑閑閑
人人

뜻 가난을 두려워하거나 물욕에 물들지 않고 세상의 온갖 번잡한 일들에서 벗어나 있는 사람을 말함.

物外閑人

物外閑人

物外閑人

물외한인

물외한인

물외한인

● 고사 성어 한자·한글 쓰기

傍若無人
곁	같을	없을	사람
방	약(야)	무	인

필순
傍傍傍傍傍傍傍傍傍
若若若若若若若若
無無無無無無無無無
人人

뜻 주위의 다른 사람을 전혀 의식하지 않고 거리낌없이 제 멋대로 마구 행동함을 이르는 말.

傍若無人

傍若無人
傍若無人

방약무인

방약무인
방약무인

百年河淸
일백	해	강	맑을
백	년	하	청

필순
百百百百百百
年年年年年年
河河河河河河河
淸淸淸淸淸淸淸淸淸

뜻 아무리 기다려도 사물이 이루어지기 어려움. 확실하지 않거나 믿을 수 없는 일을 언제까지나 기다린다는 뜻.

百年河淸

百年河淸
百年河淸

백년하청

백년하청
백년하청

百發百中
일백	쏠	일백	맞힐
백	발	백	중

필순
百百百百百百
發發發發發發發發發
百百百百百百
中中中中

뜻 ①총·활 같은 것이 겨눈 곳에 꼭꼭 맞음. ②무슨 일이나 틀림없이 잘 들어맞는 것을 이르는 말.

百發百中

百發百中
百發百中

백발백중

백발백중
백발백중

白衣從軍

흰	옷	좇을	군사
백	의	종	군

필순
白白白白白
衣衣衣衣衣衣
從從從從從從從從從從
軍軍軍軍軍軍軍軍軍

뜻 ①벼슬이 없는 사람으로 군대를 따라 전장으로 감. ②어떠한 난관에도 굽히지 않고 이겨 나감을 이르는 말.

白衣從軍

백의종군

百折不屈

일백	꺾일	아닐	굽힐
백	절	불	굴

필순
百百百百百百
折折折折折折折
不不不不
屈屈屈屈屈屈屈屈

뜻 백 번 꺾여도 굽히지 않는다는 뜻으로, 의지가 굳세어서 비록 좌절하더라도 능히 잘 참아내어 굽히지 않음.

百折不屈

백절불굴

伯仲之勢

맏	버금	어조사	형세
백	중	지	세

필순
伯伯伯伯伯伯
仲仲仲仲仲
之之之
勢勢勢勢勢勢勢勢勢勢

뜻 서로 우열을 가리기 힘든 형세. 서로 비금비금하여 우열을 가리기 힘든 형세를 이르는 말.

伯仲之勢

백중지세

고사 성어 한자·한글 쓰기

富貴在天
부유할 귀할 있을 하늘
부　귀　재　천

필순
富富富富富富富富富富富
貴貴貴貴貴貴貴貴貴貴貴貴
在在在在在在
天天天天

뜻 부귀는 하늘에 매어 있어 사람의 힘으로는 어떻게 할 수가 없다는 뜻.

富貴在天

부귀재천

父傳子傳
아비 전할 자식 전할
부　전　자　전

필순
父父父父
傳傳傳傳傳傳傳傳傳傳
子子子
傳傳傳傳傳傳傳傳傳傳

뜻 대대로 아버지가 아들에게 전함. 혹은 아버지와 자식이 서로 비슷함.

父傳子傳

부전자전

附和雷同
따를 화합할 천둥 함께
부　화　뢰　동

필순
附附附附附附附
和和和和和和和和
雷雷雷雷雷雷雷雷
同同同同同同

뜻 '웃렛소리에 맞춰 함께한다'는 뜻으로, 자신의 뚜렷한 소신 없이 남이 하는 대로 따라감을 이르는 말.

附和雷同

부화뇌동

不可思議

없을	가능할	생각할	의논할
불	가	사	의

필순
不不不不
可可可可可
思思思思思思思思
議議議議議議議議議

뜻 심오하고 신기하여 사람의 생각으로는 헤아려 알 수가 없음. 또는 그 일.

不可思議
不可思議
不可思議

불가사의
불가사의
불가사의

不可抗力

없을	가능할	막을	힘
불	가	항	력

필순
不不不不
可可可可可
抗抗抗抗抗抗
力力

뜻 천재지변(天災地變) 또는 재앙(災殃)처럼, 사람의 힘으로는 저항할 수 없는 힘.

不可抗力
不可抗力
不可抗力

불가항력
불가항력
불가항력

不問曲直

아닐	물을	옳지않을	바를
불	문	곡	직

필순
不不不不
問問問問問問問問
曲曲曲曲曲曲
直直直直直直直直

뜻 잘잘못을 따져 묻지 않음. 사실을 캐물어 따져 보지도 않고 곧바로 함. 다짜고짜.

不問曲直
不問曲直
不問曲直

불문곡직
불문곡직
불문곡직

● 고사 성어 한자 · 한글 쓰기

氷山一角
얼음 메 한 모서리
빙 산 일 각

필순:
氷 氷 氷 氷 氷
山 山 山
一
角 角 角 角 角 角

뜻 바람직하지 못한 일은 그 대부분이 숨겨져 있고, 외부로 나타나 있는 것은 극히 일부분에 지나지 않음을 비유한 말.

氷山一角

氷山一角

氷山一角

빙산일각

빙산일각

빙산일각

氷炭之間
얼음 숯 어조사 사이
빙 탄 지 간

필순:
氷 氷 氷 氷 氷
炭 炭 炭 炭 炭 炭 炭 炭 炭
之 之 之
間 間 間 間 間 間 間 間 間 間 間 間

뜻 '얼음과 숯은 서로 어울리지 않는다'는 뜻으로, 성질이 정반대여서 도저히 서로 융합될 수 없는 사이를 이르는 말.

氷炭之間

氷炭之間

氷炭之間

빙탄지간

빙탄지간

빙탄지간

四顧無親
넉 돌아볼 없을 친할
사 고 무 친

필순:
四 四 四 四 四
顧 顧 顧 顧 顧 顧 顧 顧
無 無 無 無 無 無 無 無 無
親 親 親 親 親 親 親 親 親

뜻 ①의지할 만한 사람이 도무지 없어서 몹시 외롭다는 말. ②의지할 친척이 전혀 없다는 말.

四顧無親

四顧無親

四顧無親

사고무친

사고무친

사고무친

四面楚歌
넉 방향 초나라 노래
사 면 초 가

필순
四四四四四
面面面面面面面面面
楚楚楚楚楚楚楚楚楚楚
歌歌歌歌歌歌歌歌歌

뜻 '사면에서 들려오는 楚나라 노래'란 뜻으로, 누구의 도움도 받을 수 없는 고립된 상태를 이르는 말.

四面楚歌

四面楚歌

四面楚歌

사면초가

사면초가

사면초가

四分五裂
넉 나눌 다섯 찢어질
사 분 오 렬(열)

필순
四四四四四
分分分分
五五五五
裂裂裂裂裂裂裂裂裂

뜻 여러 갈래로 어지럽게 분열됨. 여러 갈래로 찢어지거나 흩어짐.

四分五裂

四分五裂

四分五裂

사분오열

사분오열

사분오열

沙上樓閣
모래 위 다락 누각
사 상 루 각

필순
沙沙沙沙沙沙沙
上上上
樓樓樓樓樓樓樓樓
閣閣閣閣閣閣閣閣

뜻 겉모양은 번듯하나 기초가 약하여 오래가지 못하는 것, 또는 실현 불가능한 일 따위를 이르는 말.

沙上樓閣

沙上樓閣

沙上樓閣

사상누각

사상누각

사상누각

고사 성어 한자 · 한글 쓰기

四通八達
넉	통할	여덟	이를
사	통	팔	달

필순
四四四四四
通通通通通通通通通
八八
達達達達達達達達達

뜻 교통이 좋아 어느 방향으로나 다 통한다는 뜻이다. 어떤 지역이나 길이 사방팔방으로 두루 통함.

四通八達

사통팔달

事必歸正
일	반드시	돌아갈	바를
사	필	귀	정

필순
事事事事事事事事
必必必必必
歸歸歸歸歸歸歸歸
正正正正正

뜻 모든 잘잘못은 반드시 바른 길로 돌아옴. 처음에는 잘못되어도 결국에는 반드시 정리(正理)로 돌아감을 뜻하는 말.

事必歸正

사필귀정

殺身成仁
죽일	몸	이룰	어질
살	신	성	인

필순
殺殺殺殺殺殺殺殺殺
身身身身身身身
成成成成成成成
仁仁仁仁

뜻 '몸을 죽여 어진 일을 이룬다'는 뜻으로, 다른 사람 또는 대의를 위해 목숨을 버린다는 말.

殺身成仁

살신성인

三顧草廬

석	찾을	풀	오두막집
삼	고	초	려

필순
三 三 三
顧 顧 顧 顧 顧 顧 顧 顧
草 草 草 草 草 草 草 草 草
廬 廬 廬 廬 廬 廬 廬 廬

뜻 '초가집을 세 번 찾아간다'는 뜻으로, 인재를 구하기 위하여 여러 번 찾아가서 예를 다하는 일.

塞翁之馬

변방	늙은이	어조사	말
새(색)	옹	지	마

필순
塞 塞 塞 塞 塞 塞 塞 塞 塞 塞
翁 翁 翁 翁 翁 翁 翁 翁 翁
之 之 之
馬 馬 馬 馬 馬 馬 馬 馬 馬

뜻 인생에 있어서 길흉화복(吉凶禍福)은 항상 바뀌어 미리 헤아릴 수가 없다는 뜻.

水魚之交

물	물고기	어조사	사귈
수	어	지	교

필순
水 水 水 水
魚 魚 魚 魚 魚 魚 魚 魚 魚 魚
之 之 之
交 交 交 交 交 交

뜻 부부나 군신 관계처럼 서로 떨어질 수 없는 친밀한 사이를 이르는 말.

三顧草廬   塞翁之馬   水魚之交

삼고초려   새옹지마   수어지교

고사 성어 한자·한글 쓰기

脣亡齒寒
입술	망할	이	찰
순	망	치	한

필순: 脣脣脣脣脣脣脣脣脣 / 亡亡亡 / 齒齒齒齒齒齒齒齒齒齒 / 寒寒寒寒寒寒寒寒寒

뜻: 입술이 없으면 이가 시리다는 뜻으로, 서로 떨어질 수 없는 밀접한 관계라는 뜻.

脣亡齒寒

순망치한

暗中摸索
어두울	가운데	더듬을	찾을
암	중	모	색(삭)

필순: 暗暗暗暗暗暗暗暗 / 中中中中 / 摸摸摸摸摸摸摸摸摸 / 索索索索索索索索索索

뜻: ①확실한 방법을 모르고 이리저리 시도해 봄. ②남이 보지 않는 가운데 무엇인가를 도모함.

暗中摸索

암중모색

弱肉强食
약할	고기	강할	먹을
약	육	강	식

필순: 弱弱弱弱弱弱弱弱弱弱 / 肉肉肉肉肉肉 / 强强强强强强强强强强 / 食食食食食食食食食

뜻: '약한 자는 강한 자에게 먹힘'이란 뜻으로, 생존(生存) 경쟁(競爭)의 치열함을 말함.

弱肉强食

약육강식

羊頭狗肉

양	머리	개	고기
양	두	구	육

필순
羊羊羊羊羊羊
頭頭頭頭頭頭頭頭頭頭
狗狗狗狗狗狗狗
肉肉肉肉肉肉

뜻 '양의 머리(羊頭) 머리를 걸어 놓고 개고기(狗肉)를 판다'는 뜻으로, 겉과 속이 일치하지 않음을 이르는 말.

漁夫之利

고기잡을	사내	어조사	이로울
어	부	지	리

필순
漁漁漁漁漁漁漁漁漁
夫夫夫夫
之之之
利利利利利利利

뜻 쌍방이 다투는 사이에 제삼자가 힘들이지 않고 이득을 챙긴다는 말.

易地思之

바꿀	땅	생각	그것
역(이)	지	사	지

필순
易易易易易易易易
地地地地地地
思思思思思思思思
之之之

뜻 사람은 자신의 입장만을 생각하기 때문에 남을 헤아리기 어려운 일이므로, 처지를 바꾸어 생각한다는 뜻이다.

羊頭狗肉   漁夫之利   易地思之

羊頭狗肉   漁夫之利   易地思之

羊頭狗肉   漁夫之利   易地思之

양두구육   어부지리   역지사지

양두구육   어부지리   역지사지

양두구육   어부지리   역지사지

고사 성어 한자·한글 쓰기

緣木求魚
오를 나무 구할 물고기
연 목 구 어

필순
緣緣緣緣緣緣緣緣緣
木木木木
求求求求求求求
魚魚魚魚魚魚魚魚魚魚

뜻 '나무에 올라가(緣木) 물고기를 구한다(求魚)'는 뜻으로, 불가능한 일을 억지로 하려고 한다는 말.

五里霧中
다섯 리 안개 가운데
오 리 무 중

필순
五五五五
里里里里里里里
霧霧霧霧霧霧霧霧霧
中中中中

뜻 어디에 있는지 찾을 길이 막연하거나, 갈피를 잡을 수 없음을 이르는 말.

吳越同舟
오나라 월나라 같을 배
오 월 동 주

필순
吳吳吳吳吳吳吳
越越越越越越越越越
同同同同同同
舟舟舟舟舟舟

뜻 ①적의를 품은 사람끼리 같은 장소나 처지에 놓임. ②적의를 품은 사람끼리라도 필요에 따라서는 서로 도움.

緣木求魚 　 五里霧中 　 吳越同舟

緣木求魚 　 五里霧中 　 吳越同舟

緣木求魚 　 五里霧中 　 吳越同舟

연목구어 　 오리무중 　 오월동주

연목구어 　 오리무중 　 오월동주

연목구어 　 오리무중 　 오월동주

烏合之卒

까마귀	합할	어조사	군사
오	합	지	졸

필순
烏烏烏烏烏烏烏烏烏烏
合合合合合合
之之之
卒卒卒卒卒卒卒卒

뜻 규율도 통일성도 없는 군중이나 갑자기 모인 훈련 없는 군세(軍勢)를 이르는 말.

烏合之卒

烏合之卒

烏合之卒

오합지졸

오합지졸

오합지졸

溫故知新

익힐	옛	알	새로울
온	고	지	신

필순
溫溫溫溫溫溫溫溫溫溫
故故故故故故故故故
知知知知知知知
新新新新新新新新新

뜻 옛 것을 익히고 그것으로 미루어 새 것을 앎을 이르는 말.

溫故知新

溫故知新

溫故知新

온고지신

온고지신

온고지신

龍頭蛇尾

용	머리	뱀	꼬리
용	두	사	미

필순
龍龍龍龍龍龍龍龍龍
頭頭頭頭頭頭頭頭頭
蛇蛇蛇蛇蛇蛇蛇蛇蛇
尾尾尾尾尾尾

뜻 '머리는 용이나 꼬리는 뱀'이라는 뜻으로, 처음에는 그럴 듯하게 보이던 것이 끝에는 시원치 못함을 이르는 말.

龍頭蛇尾

龍頭蛇尾

龍頭蛇尾

용두사미

용두사미

용두사미

고사 성어 한자 · 한글 쓰기

牛耳讀經
소 귀 읽을 책
우 이 독(두) 경

필순
牛牛牛牛
耳耳耳耳耳耳
讀讀讀讀讀讀讀讀
經經經經經經經經

뜻 '쇠귀에 경 읽기'라는 뜻으로, 어리석어 남의 말을 이해하지 못함을 이르는 말.

牛耳讀經

牛耳讀經

牛耳讀經

우이독경

우이독경

우이독경

有備無患
있을 갖출 없을 근심
유 비 무 환

필순
有有有有有有
備備備備備備備備
無無無無無無無無無
患患患患患患患患

뜻 평소에 준비가 철저하면 후에 근심할 것이 없음을 뜻하는 말.

有備無患

有備無患

有備無患

유비무환

유비무환

유비무환

流言蜚語
흐를 말씀 날 말씀
류 언 비 어

필순
流流流流流流流流流
言言言言言言言言
蜚蜚蜚蜚蜚蜚蜚蜚蜚
語語語語語語語語語

뜻 아무 근거 없이 널리 퍼진 소문. 터무니없이 떠도는 말. 뜬소문.

流言蜚語

流言蜚語

流言蜚語

유언비어

유언비어

유언비어

以心傳心
써 마음 전할 마음
이 심 전 심

필순
以 以 以 以
心 心 心 心
傳 傳 傳 傳 傳 傳 傳 傳 傳 傳 傳 傳 傳
心 心 心 心

뜻 마음으로써 마음을 전함을 이르는 말. '以心傳心'의 방법으로 불교의 진수를 전했다는 이야기에서 유래.

以心傳心

以心傳心

以心傳心

이심전심

이심전심

이심전심

人面獸心
사람 낯 짐승 마음
인 면 수 심

필순
人 人
面 面 面 面 面 面 面 面 面
獸 獸 獸 獸 獸 獸 獸 獸 獸
心 心 心 心

뜻 '사람의 얼굴에 짐승의 마음'이란 뜻으로, 성질이 잔인하고 흉악한 짐승 같은 사람을 뜻하는 말.

人面獸心

人面獸心

人面獸心

인면수심

인면수심

인면수심

一擧兩得
한 들 둘 얻을
일 거 량 득

필순
一
擧 擧 擧 擧 擧 擧 擧 擧 擧
兩 兩 兩 兩 兩 兩 兩 兩
得 得 得 得 得 得 得 得

뜻 하나를 행하여 둘을 얻는다는 뜻으로, 한 가지 일로써 두 가지 이익을 거둔다는 말.

一擧兩得

一擧兩得

一擧兩得

일거양득

일거양득

일거양득

고사 성어 한자·한글 쓰기

一罰百戒
한 일 / 벌줄 벌 / 일백 백 / 경계할 계

필순: 一 / 罰罰罰罰罰罰罰罰罰 / 百百百百百百 / 戒戒戒戒戒戒戒

뜻: 본보기로서 하는 처벌. 여러 사람에게 경각심을 불러일으키게 하기 위하여 본보기로 무거운 벌로 다스리는 일.

一罰百戒

일벌백계

一心同體
한 일 / 마음 심 / 같을 동 / 몸 체

필순: 一 / 心心心心 / 同同同同同同 / 體體體體體體體體體體

뜻: 여러 사람이 한 마음으로 굳게 결합하는 일, 또는 여러 사람이 굳게 뭉쳐 한 마음 한 몸 같음을 이르는 말.

一心同體

일심동체

一葉片舟
한 일 / 잎 엽 / 조각 편 / 배 주

필순: 一 / 葉葉葉葉葉葉葉葉葉葉 / 片片片片 / 舟舟舟舟舟舟

뜻: '나뭇잎처럼 작은 배'라는 뜻으로, 조그마한 조각배. 한 척의 작은 배를 이르는 말.

一葉片舟

일엽편주

一字無識

한	글자	없을	알
일	자	무	식

필순
一
字字字字字字
無無無無無無無無無無無
識識識識識識識識識

뜻 글자 한 자도 모를 정도로 무식하다는 뜻으로, 아무것도 알지 못하는 무식. 아주 무식함.

一字無識

일자무식

日就月將

날	나아갈	달	나아갈
일	취	월	장

필순
日日日日
就就就就就就就就就
月月月月
將將將將將將將將將將

뜻 날로 달로 나아가거나 발전해 나간다는 말로, 끝없이 노력하면 날마다 달마다 발전해 나아간다는 뜻임.

日就月將

일취월장

一片丹心

한	조각	붉을	마음
일	편	단	심

필순
一
片片片片
丹丹丹丹
心心心心

뜻 '한 조각의 붉은 마음'이라는 뜻으로, 참되고 정성 어린 마음, 또는 '참된 충성이나 정성'을 일컫는 말이다.

一片丹心

일편단심

● 고사 성어 한자 · 한글 쓰기

自家撞着
스스로 집 부딪칠 붙을
자 가 당 착

필순
自自自自自自
家家家家家家家家家家
撞撞撞撞撞撞撞撞撞
着着着着着着着着着

뜻 같은 사람의 말이나 행위가 앞뒤가 맞지 않아 조리에 어긋남을 이르는 말.

自家撞着

자가당착

自手成家
스스로 손 이룰 집
자 수 성 가

필순
自自自自自
手手手手
成成成成成成成
家家家家家家家家家

뜻 물려받은 재산이 없이 스스로의 힘으로 한 살림을 이룩함.

自手成家

자수성가

自中之亂
스스로 가운데 어조사 어지러울
자 중 지 란

필순
自自自自自
中中中中
之之之
亂亂亂亂亂亂亂亂亂

뜻 자기 안에서의 어지러움이라는 뜻으로, 같은 패 안에서 일어나는 싸움. 곧 내부에서 일어난 혼란을 이르는 말.

自中之亂

자중지란

作心三日

지을	마음	석	날
작	심	삼	일

필순
作作作作作作作
心心心心
三三三
日日日日

뜻 한 번 결심한 것이 사흘을 이어지지 않음. 곧 결심이 약함을 이르는 말.

作心三日

作心三日

作心三日

작심삼일

작심삼일

작심삼일

賊反荷杖

도둑	도리어	멜	몽둥이
적	반	하	장

필순
賊賊賊賊賊賊賊賊賊賊
反反反反
荷荷荷荷荷荷荷荷荷荷
杖杖杖杖杖杖杖

뜻 '도둑이 도리어 몽둥이를 든다'는 뜻으로, 잘못한 사람이 도리어 잘 한 사람을 나무라는 경우를 이르는 말.

賊反荷杖

賊反荷杖

賊反荷杖

적반하장

적반하장

적반하장

適者生存

맞을	사람	살	있을
적	자	생	존

필순
適適適適適適適適適適
者者者者者者者者者
生生生生生
存存存存存存

뜻 생존 경쟁에서, 외계의 상태에 가장 적합한 것만이 살아남고 적합치 않는 것은 도태되어 쇠퇴 멸망하는 현상.

適者生存

適者生存

適者生存

적자생존

적자생존

적자생존

고사 성어 한자·한글 쓰기

轉禍爲福
바꿀 재앙 될 복
전 화 위 복

필순
轉轉轉轉轉轉轉轉
禍禍禍禍禍禍禍
爲爲爲爲爲爲爲
福福福福福福福

뜻 '재앙이 바뀌어 복이 된다.'는 뜻으로, 실패를 발판으로 삼아 성공으로 이끈다는 말이다.

轉禍爲福

轉禍爲福
轉禍爲福

전화위복

전화위복
전화위복

切齒腐心
벨 이 썩을 마음
절 치 부 심

필순
切切切切
齒齒齒齒齒齒齒齒齒齒
腐腐腐腐腐腐腐腐腐
心心心心

뜻 '이를 갈고 마음을 썩이다'는 뜻으로, 대단히 분하게 여기고 마음을 썩임.

切齒腐心

切齒腐心
切齒腐心

절치부심

절치부심
절치부심

漸入佳境
차차 들 아름다울 경지
점 입 가 경

필순
漸漸漸漸漸漸漸漸漸漸
入入
佳佳佳佳佳佳佳佳
境境境境境境境境境

뜻 일이 점점 더 재미있는 지경(地境)으로 돌아가는 것을 비유(比喻)하는 말로 쓰임.

漸入佳境

漸入佳境
漸入佳境

점입가경

점입가경
점입가경

朝令暮改
아침 명령 저물 고칠
조 령 모 개

필순
朝朝朝朝朝朝朝朝朝
令令令令令
暮暮暮暮暮暮暮暮暮
改改改改改改改

뜻 '아침에 영을 내리고 저녁에 고친다'는 뜻으로, 일관성 없는 정책을 빗대어 쓰는 말.

朝令暮改

朝令暮改

朝令暮改

조령모개

조령모개

조령모개

朝三暮四
아침 석 저물 넉
조 삼 모 사

필순
朝朝朝朝朝朝朝朝朝
三三三
暮暮暮暮暮暮暮暮暮
四四四四

뜻 간사한 잔꾀로 남을 속임. 겉으로 보이는 차이만을 알고 결과가 같음을 모르는 어리석음.

朝三暮四

朝三暮四

朝三暮四

조삼모사

조삼모사

조삼모사

鳥足之血
새 발 어조사 피
조 족 지 혈

필순
鳥鳥鳥鳥鳥鳥鳥鳥鳥鳥
足足足足足足足
之之之
血血血血血血

뜻 鳥足之血은 글자 그대로 '새 발의 피'이다. 하찮은 일이나 분량이 아주 적음을 뜻하는 말.

鳥足之血

鳥足之血

鳥足之血

조족지혈

조족지혈

조족지혈

고사 성어 한자·한글 쓰기

酒池肉林

술	연못	고기	수풀
주	지	육	림

필순
酒酒酒酒酒酒酒酒酒酒
池池池池池池
肉肉肉肉肉肉
林林林林林林林林

뜻 '술로 못을 이루고 고기로 숲을 이룬다'는 뜻으로, 술과 고기가 푸짐하게 차려진 술잔치를 이르는 말.

酒池肉林

酒池肉林

酒池肉林

주지육림

주지육림

주지육림

竹馬故友

대나무	말	옛	벗
죽	마	고	우

필순
竹竹竹竹竹竹
馬馬馬馬馬馬馬馬馬
故故故故故故故故故
友友友友

뜻 '어릴 때 같이 竹馬(대말)를 타고 놀던 벗(故友)'이란 뜻으로, 어렸을 때부터의 오랜 친구를 이르는 말.

竹馬故友

竹馬故友

竹馬故友

죽마고우

죽마고우

죽마고우

衆口難防

무리	입	어려울	막을
중	구	난	방

필순
衆衆衆衆衆衆衆衆衆衆
口口口
難難難難難難難難難
防防防防防防防

뜻 '여러 사람의 입을 막기 어렵다'는 뜻으로, 여러 사람의 의견을 하나하나 받아넘기기 어려움을 이르는 말.

衆口難防

衆口難防

衆口難防

중구난방

중구난방

중구난방

知行合一

알	행할	합할	한
지	행	합	일

필순
知知知知知知知
行行行行行行
合合合合合合
一

뜻 지식〔知〕과 행위〔行〕는 본래 하나〔合一〕라는 뜻으로, 알고 행하지 않는 것은 정말 아는 것이 아니라는 것.

知行合一

知行合一

知行合一

지행합일

지행합일

지행합일

進退維谷

나아갈	물러날	오직	막힐
진	퇴	유	곡

필순
進進進進進進進進進
退退退退退退退退退
維維維維維維維維維
谷谷谷谷谷谷谷

뜻 앞으로 나아갈 수도 없고 물러설 수도 없이 궁지에 몰려 있음.

進退維谷

進退維谷

進退維谷

진퇴유곡

진퇴유곡

진퇴유곡

天高馬肥

하늘	높을	말	살찔
천	고	마	비

필순
天天天天
高高高高高高高高高高
馬馬馬馬馬馬馬馬馬
肥肥肥肥肥肥肥

뜻 하늘이 맑고 오곡 백과가 무르익는 가을을 형용하는 말.

天高馬肥

天高馬肥

天高馬肥

천고마비

천고마비

천고마비

고사 성어 한자·한글 쓰기

天方地軸 (천방지축)
하늘 천 / 방향 방 / 땅 지 / 굴대 축

필순
天天天天
方方方方
地地地地地地
軸軸軸軸軸軸軸軸

뜻 하늘[天]의 방향[方]과 땅[地]의 축[軸]을 알지 못함이니, 방향을 잡지 못하고 마구 덤벙대는 것을 뜻한다.

天方地軸

천방지축

天佑神助 (천우신조)
하늘 천 / 도울 우 / 귀신 신 / 도울 조

필순
天天天天
佑佑佑佑佑佑佑
神神神神神神神神神
助助助助助助助

뜻 사람의 힘으로는 불가능한 것을 하늘과 신령의 도움으로 가능하게 되는 경우를 말한다.

天佑神助

천우신조

千載一遇 (천재일우)
일천 천 / 해 재 / 한 일 / 만날 우

필순
千千千
載載載載載載載載載載
一
遇遇遇遇遇遇遇遇遇

뜻 천 년에 한 번 만날 수 있는 기회란 뜻으로, 좀처럼 만나기 어려운 기회를 이르는 말.

千載一遇

천재일우

千篇一律

일천	책	한	규칙
천	편	일	률

필순
千千千
篇篇篇篇篇篇篇篇篇
一
律律律律律律律律

뜻 사물이 모두 판에 박은 듯이 똑같아 새롭거나 독특한 개성이 없고 재미가 없음을 말함.

靑出於藍

푸를	날	어조사	쪽풀
청	출	어(오)	람

필순
靑靑靑靑靑靑靑靑
出出出出出
於於於於於於於於
藍藍藍藍藍藍藍藍藍藍

뜻 '쪽[藍]에서 나온 푸른 물감이 쪽빛보다 더 푸르다'는 뜻으로, 제자나 후배가 스승이나 선배보다 더 뛰어남.

寸鐵殺人

치	쇠	죽일	사람
촌	철	살(쇄)	인

필순
寸寸寸
鐵鐵鐵鐵鐵鐵鐵鐵鐵鐵
殺殺殺殺殺殺殺殺殺殺
人人

뜻 짤막한 경구(警句)나 격언 등으로 사람을 감동시키거나, 또는 사물의 급소를 찌름을 비유하는 말.

千篇一律

千篇一律

千篇一律

청출어람 → 靑出於藍

靑出於藍

靑出於藍

寸鐵殺人

寸鐵殺人

寸鐵殺人

천편일률

천편일률

천편일률

청출어람

청출어람

청출어람

촌철살인

촌철살인

촌철살인

● 고사 성어 한자·한글 쓰기

醉生夢死
술취할	살	꿈	죽을
취	생	몽	사

필순
醉醉醉醉醉醉醉醉
生生生生生
夢夢夢夢夢夢夢夢
死死死死死死

뜻 '술에 취한 듯이 살고 꿈을 꾸듯이 죽는다는 뜻'으로, 아무 뜻 없이 한평생을 흐리멍덩하게 살아감을 이르는 말.

七顚八起
일곱	넘어질	여덟	일어날
칠	전	팔	기

필순
七七
顚顚顚顚顚顚顚顚顚
八八
起起起起起起起起起

뜻 '일곱 번 넘어지고 여덟 번 일어난다'는 뜻으로, 여러 번 실패해도 굽히지 않고 꾸준히 노력함.

針小棒大
바늘	작을	몽둥이	큰
침	소	봉	대

필순
針針針針針針針針針針
小小小
棒棒棒棒棒棒棒棒棒棒
大大大

뜻 바늘만한 것을 몽둥이만하다고 말한다는 뜻에서, '심하게 과장하여 말함'을 비유하여 이르는 말.

醉生夢死   七顚八起   針小棒大

취생몽사   칠전팔기   침소봉대

他山之石

다를	메	어조사	돌
타	산	지	석

필순
他他他他他
山山山
之之之
石石石石石

뜻 다른 사람의 하찮은 언행일지라도 자기의 지식이나 인격을 닦는 데에 도움이 됨.

他山之石

他山之石

他山之石

타산지석

타산지석

타산지석

破竹之勢

깨뜨릴	대나무	어조사	기세
파	죽	지	세

필순
破破破破破破破破
竹竹竹竹竹竹
之之之
勢勢勢勢勢勢勢勢勢勢

뜻 세력이 강대하여 감히 막을 수 없도록 거침없이 적을 물리치고 쳐들어가는 당당한 기세를 이르는 말.

破竹之勢

破竹之勢

破竹之勢

파죽지세

파죽지세

파죽지세

八方美人

여덟	방위	아름다울	사람
팔	방	미	인

필순
八八
方方方方
美美美美美美美美美
人人

뜻 ① 여러 가지 일에 능통한 사람. ② '온갖 일에 조금씩 손 대는 사람'을 놀리는 말이기도 하다.

八方美人

八方美人

八方美人

팔방미인

팔방미인

팔방미인

고사 성어 한자·한글 쓰기

敗家亡身
무너질 집 망할 몸
패 가 망 신

필순
敗敗敗敗敗敗敗敗敗敗敗
家家家家家家家家家家
亡亡亡
身身身身身身身

뜻 대개 부정한 행실로 인하여 집안은 물론 자신의 신세까지 망치는 경우를 말한다.

敗家亡身

패가망신

表裏不同
겉 속 아니 같을
표 리 부(불) 동

필순
表表表表表表表表
裏裏裏裏裏裏裏裏裏
不不不不
同同同同同同

뜻 겉과 속이 같지 않다는 뜻으로, 마음이 음흉하여 겉과 속이 다르거나 말과 행동이 다름을 가리킴.

表裏不同

표리부동

鶴首苦待
학 머리 쓸 기다릴
학 수 고 대

필순
鶴鶴鶴鶴鶴鶴鶴鶴
首首首首首首首首
苦苦苦苦苦苦苦苦
待待待待待待待待

뜻 鶴처럼 목을 길게 빼고〔首〕 애타게〔苦〕 기다린다〔待〕는 뜻으로, 몹시 기다림을 이르는 말.

鶴首苦待

학수고대

虛張聲勢
빌 허 / 펼칠 장 / 소리 성 / 세력 세
허 장 성 세

필순
虛虛虛虛虛虛虛虛虛
張張張張張張張張
聲聲聲聲聲聲聲聲
勢勢勢勢勢勢勢勢勢

뜻 '비어 있고 과장된 형세로 소리를 낸다'는 뜻으로, 실력이 없으면서 허세를 부리는 것.

虛張聲勢

허장성세

螢雪之功
반딧불 형 / 눈 설 / 어조사 지 / 공 공
형 설 지 공

필순
螢螢螢螢螢螢螢螢螢
雪雪雪雪雪雪雪雪雪
之之之
功功功功功

뜻 눈빛과 반딧불로 글을 읽었다는 고사에서 나온 말로, 고생하면서도 꾸준히 학문을 닦아 이룬 공.

螢雪之功

형설지공

好事多魔
좋을 호 / 일 사 / 많을 다 / 마귀 마
호 사 다 마

필순
好好好好好好
事事事事事事事事
多多多多多多
魔魔魔魔魔魔魔魔魔

뜻 '좋은 일에는 흔히 탈이 끼여들기 쉬움'을 이르는 말. 좋은 일에는 방해가 되는 일이 많음.

好事多魔

호사다마

고사 성어 한자·한글 쓰기

畵龍點睛
그릴	용	점찍을	눈동자
화(획)	룡	점	정

필순
畵畵畵畵畵畵畵畵畵
龍龍龍龍龍龍龍龍
點點點點點點點點
睛睛睛睛睛睛睛睛

뜻 마지막으로 눈동자를 그려 용의 그림을 완성시킨다는 뜻으로, 가장 요긴한 부분을 마치어 일을 끝냄을 이르는 말.

畵龍點睛

화룡점정

換骨奪胎
바꿀	뼈	빼앗을	아이 밸
환	골	탈	태

필순
換換換換換換換換換
骨骨骨骨骨骨骨骨骨
奪奪奪奪奪奪奪奪奪
胎胎胎胎胎胎胎胎

뜻 남의 것을 자기 나름의 새로움을 살려 자기 작품으로 만듦. 또는, 용모가 변하여 전보다 좋아짐.

換骨奪胎

환골탈태

厚顔無恥
두터울	얼굴	없을	부끄러울
후	안	무	치

필순
厚厚厚厚厚厚厚厚
顔顔顔顔顔顔顔顔
無無無無無無無無無
恥恥恥恥恥恥恥恥

뜻 '얼굴이 두껍고 부끄러움이 없다' 라는 뜻으로, 뻔뻔스러워 부끄러워할 줄 모름.

厚顔無恥

후안무치

수수께끼 풀면서
예쁜 **한글 쓰기**

펴낸이/이홍식
엮은이/이재광
발행처/도서출판 지식서관
등록/1990.11.21 제96호
경기도 고양시 덕양구 벽제동 564-4
전화/031)969-9311(대)
팩시밀리/031)969-9313
e-mail / jisiksa@hanmail.net

초판 1쇄 발행일/2012년 5월 5일
수정판 2쇄 발행일/2016년 7월 15일